町田忍流 マニアック博物館の楽しみ方

銭湯、納豆、霊柩車、甘栗、牛乳瓶の蓋、蚊取り線香…カバーする分野は驚くほど広く、またマニアックなモノばかり。庶民文化研究の先駆けにして第一人者である町田忍が、マニアック博物館の楽しみ方をご案内します！

PROFILE ●（まちだ・しのぶ）1950年東京目黒生まれ。大学在学中、博物館学芸員資格取得実習に行った国立博物館で博物学に興味を抱く。卒業後は警察官を経て、少年時代より収集してきた商品などを研究するために「庶民文化研究所」を設立。現在は執筆の他、コラムニスト、コメンテーター、映画・テレビ・ラジオ出演、ドラマの時代考証など多方面で活躍中。

少年時代からのコレクションがいつのまにか博物館級のものに!?

身近なモノほど記録に残らない

僕が生まれたのは昭和25年。世の中が少しずつ豊かになりつつあった時代です。それまではチョコレートと言えば板チョコしかなかったんだけど、お菓子もいろんなものが出始めたんです。ちょっと高価だったということもあって、パッケージを捨てるのがもったいないから取っておいたんですね。10歳くらいから。それでどんどんコレクションが溜まっていきました。当時、子どもの間では切手やメンコなど、モノを集めるのが流行っていたんです。みんな大人になるとやめちゃうんだけど、僕はそのまま続いて今に至ってます。

コレクションをしたり関心を寄せたりするモノの基準は、庶民生活で愛用され、なおかつ安くて、でも歴史があまり知られていないモノ。銭湯、納豆、霊柩車、甘栗、牛乳瓶の蓋、蚊取り線香、くじらの缶詰、インスタントラーメン…等々。美術館や博物館にあるような工芸品は大切にされますが、庶民生活に密着したモノほど記録に残り難いんですよ。江戸東京博物館でモースのコレクション展（※）が開催されたことがありましたが、あの人が明治時代に来日し、庶民の日用品をアメリカに持ち帰ったからこそ残すことができたんです。金平糖とか下駄とか、当時の日本人にはあまりにも身近すぎて、残そうなんて思わなかったんでしょうね。

メガウェブにはマッチ箱やポスターなど、町田さん提供のコレクションも展示されている

マニアック博物館の魅力

僕は東京・お台場にあるトヨタの体験型テーマパーク「メガウェブ」内の「ヒストリーガレージ」ゾーンの一画を監修しました。トヨタをはじめとする国内外

※　特別展「明治のこころ　モースが見た庶民のくらし」2013年9月14日～12月8日開催

撮影協力：メガウェブ

昔懐かしい人形やブリキのおもちゃ（メガウェブ展示）

の名車を展示している他、1960年代の東京のノスタルジックな街並みをイメージしています。ちゃぶ台のあるお茶の間やブリキのおもちゃなども展示していて、懐かしくレトロな空間ですよ。

博物館にもいろいろあって、国立博物館などはテーマを広く浅くカバーしていますが、専門分野に特化した博物館というのは大きな博物館に負けないくらいのモノが収蔵・展示されている場合がありますね。九州北部は炭鉱関係の博物館が充実しています。機械や建物などの産業遺産だけでなく、「炭坑住宅」を復元するなど当時の人々の生活の様子が分かる展示も興味深いですよ。

マニアック博物館めぐりの楽しみ方のコツ

この本で挙げた中で、必ず一つや二つは自分が興味ある博物館があるはずです。まずはそこに行ってみてはいかがでしょうか。ただ見るだけでなく、学芸員や係員に質問するのもいいですね。彼らはその道の専門家で、すごく詳しい。いろいろ教えてくれるし、他の施設やイベント情報も教えてくれます。そうすると次へ、次へと、自分の関心や行動範囲が広がっていきます。

1960年代の東京の街並みをイメージしたメガウェブの一画。町の電気屋さんには今となっては貴重な昔のテレビやラジオなどが並ぶ

マニアック博物館から広がるコミュニケーションの輪

マニアック博物館って自分の会社や団体のPRを目的とする施設が多いので、結構無料のところがたくさんあるんですよ。無料なのに充実していて、パンフレットをタダでもらえたり。庶民の味方です。あと、ミュージアムショップがある博物館の場合、その商品もやっぱりマニアック。そこでしか買えないものなので、思い出の品になるでしょう。

もう一つ、楽しみ方のコツとしては、できれば家族や友達など複数で行った方が盛り上がると思いますね。親子で行けば自分の子どもの頃の思い出を話してあげたり。ブログやSNSで「行ってきました！」ってレポートしたら、同じ分野に関心を持つ人とつながることができるかもしれない。コミュニケーションの輪も広がりますよ。

上／「直方市石炭記念館」に展示されている電気機関車。石炭を運搬するために坑外で使用された　中／「九州自動車歴史館」のオート三輪
下／1968年、「筑豊本線」の直方駅近く。当時は石炭専用列車がたくさん走っていた（いずれも町田さん撮影）

コアすぎ！博物館

カッパ、独楽《こま》、カブトガニ、鏝絵《こてえ》、うなぎの皮、便器…マニアック博物館の中でも特にコアな博物館・資料館はコチラ。ピンポイントで深くテーマに切り込んでいます！

コアすぎ！

町田オススメ！

日本の近代を支えた石炭産業の歴史
田川市石炭・歴史博物館

明治時代の採炭風景を再現

坑道の再現ジオラマや、明治から昭和の各時代の炭坑住宅が復元されているのが見どころ。

一地域の歴史ではない。ここは、日本の歴史だ

かつて筑豊随一の規模を誇った三井田川鉱業所伊田竪坑《たてこう》の跡地に昭和58年に開館。石炭関連資料の数は約1万5千点に及ぶ。

常設展示では、石炭に関する科学的知識や、採炭・保安など産業の歴史を、各テーマに沿って学ぶことができる。館内では人形や資料を駆使して坑内の様子を再現。狭い坑内を上半身裸で汗まみれになりながら採炭している様子を見ると、

大きな煙突と櫓は博物館の目印

見学所要時間

約60分

日本の近代が彼らの労苦無くしては成り立たなかったことが実感できるだろう。

山本作兵衛翁の絵をじっくりと見学

第2展示室では2011年に日本初のユネスコ世界記憶遺産に登録された「山本作兵衛コレクション」を展示している。山本作兵衛翁が炭坑で働いて見聞きしたことを子や孫に伝えたいと、絵と文章で記録した貴重な資料だ。697点のうち627点を田川市石炭・歴史博物館が所蔵している。

屋外には炭坑で使用された大型機械類や、復元した炭坑住宅を展示。隣接する石炭記念公園内では、排煙用に使われた二本の煙突と竪坑の昇降に利用された櫓の壮大な姿を見ることができる。

充実の展示。時間に余裕を持って回りたい

当時の暮らしぶりがわかる炭坑住宅。復元されているのは全国でも珍しい

DATA

田川市石炭・歴史博物館

福岡県田川市大字伊田 2734-1
TEL 0947-44-5745
9:30 ～ 17:30（入館は 30 分前まで）
〈休〉月（祝日の場合は翌平日）・年末年始
〈交〉JR、平成筑豊鉄道田川伊田駅より徒歩 8 分
〈料〉一般 400 円、高校生 100 円、小中学生 50 円 〈駐〉あり〈予約〉不要

www.joho.tagawa.fukuoka.jp/list00784.html

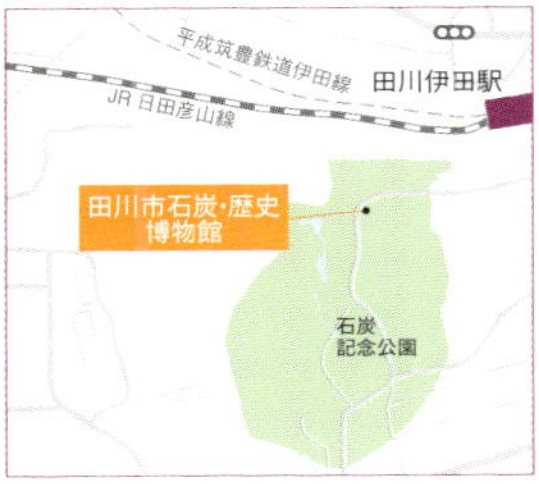

ここが見どころ！

間近で見ればその大きさに圧倒される

炭坑跡のシンボル、迫力ある煙突と竪坑櫓

石炭記念公園にそびえ立つ２本の煙突と竪坑櫓は明治時代に建造されたもので、国登録有形文化財となっている。煙突は炭坑のボイラーの煙を出すためのもので、高さは約 50m。櫓は高さ約 24m で、地上と地下約 300m を結び、ケージ（人や石炭、資材を載せて竪坑内を昇降するエレベーターのかごのようなもの）を動かすのに使われていた。

コアすぎ！

カルタ発祥の地、三池
三池カルタ・歴史資料館

「カルタで遊んだのは子どもの時以来」という人も、きっとまた遊びたくなるはず

日本最古のカルタを製作した貞次に由来

日本で唯一のカルタ専門資料館で、1991年に開館。日本に1枚だけ現存する国産最古の「天正カルタ」（兵庫県芦屋市滴翠美術館蔵）に「三池住貞次（三池に住む貞次）」と製作者の記銘があることから、三池地方（大牟田市）は日本のカルタ発祥の地とされている。

館には日本古来の百人一首やいろはカルタ・歌カルタ・花札をはじめ、世界各地のトランプやタロット・家族合わせなど多種多様なカードを収蔵・展示。所蔵点数は1万2千点を超える。

開館当初はカルタのみを専門とする資料館だったが、大牟田市歴史資料館と統合し、郷土の歴史も同時に学べる施設となった。

1891年にフランスで作られたコスチュームトランプ。様々な衣装が描かれていて、見ているだけで楽しい

見学所要時間
約40分

様々な催しを企画し カルタ普及に努める

季節ごとに年間4回の企画展を開催。各企画展では1万点以上の資料の中からテーマを設定し、選りすぐりの逸品を公開している。さらに企画展の開催期間には講座やコンサートなどの関連イベントを実施。

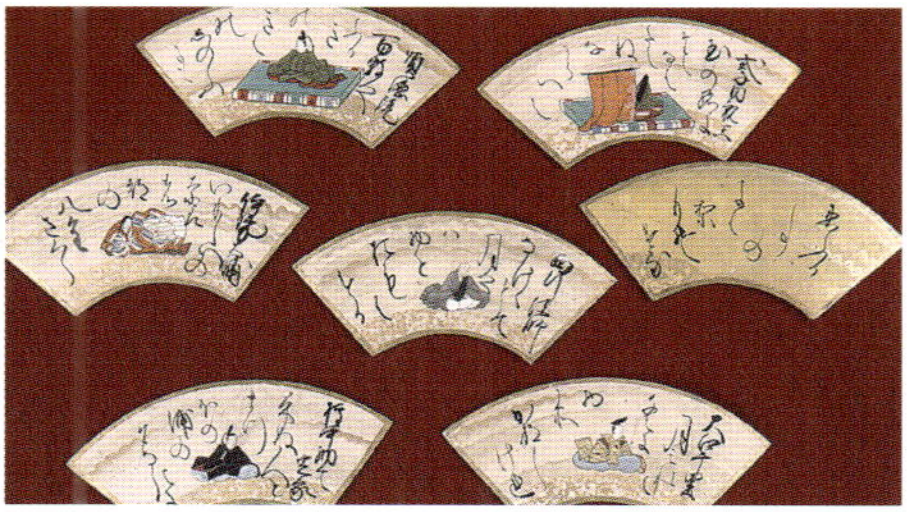

江戸時代中期に作られた扇形小倉百人一首歌カルタ

また「日本のカルタ発祥の地」を記念して、子どもたちを対象とした「市民カルタフェア」や百人一首競技かるた愛好者を対象とした「小倉百人一首　九州新人かるた競技大会」を開催し、カルタの普及と競技人口の裾野の拡大にも一役買っている。

「九州新人かるた競技大会」の様子。会場は熱気に包まれる

DATA

三池カルタ・歴史資料館

福岡県大牟田市宝坂町 2-2-3
TEL 0944-53-8780
10：00 ～ 17：00
〈休〉月・毎月最終木曜（祝日の場合は翌平日）・年末年始
〈交〉JR、西鉄大牟田駅より徒歩 10 分
〈料〉無料〈駐〉あり〈予約〉不要

karuta-rekishi.com

ここが見どころ！

復元天正カルタは 48 枚 1 セット。1 枚の大きさは縦 6.3cm、横 3.4cm、

天正カルタを完全な姿で復元 400 年前の美しい姿が目の前に

初期ポルトガルカルタの様式をもった国産カルタの復刻版。天正カルタ版木重箱（神戸市立博物館所蔵）を基に、カルタの版木を彫り、赤・黄・緑の３色を使って手彩色で色を付け、カルタ職人の手で本格的なカルタに仕立てられた。約 400 年前の人々が目にしたカルタが、現代の私たちの前に完全な姿で復元。その美しい姿に触れてみよう。

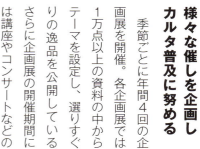

コアすぎ!

町田オススメ!

石炭の過去と未来をみつめて

直方《のおがた》市石炭記念館

国史跡筑豊石炭鉱業組合直方会議所（右）

「コッペル32号蒸気機関車」は名前も形もかわいい!

炭鉱の歴史を伝える建物と蒸気機関車

日本の産業発展と近代化に貢献した筑豊炭田の歴史を伝える記念館。石炭にまつわる人々の熱い想いと、石炭の過去と未来に焦点を当てた展示で構成されている。

屋外に展示されている蒸気機関車「C11-131号」は昭和16年から45年までの30年間、石炭輸送で活躍。「ウォーレンシュタインコッペル社（ドイツ）製貝島炭礦32号（愛称・コッペル32号）」は大正14年（1925）にドイツから輸入し、昭和51年の閉山まで52年間、資材運搬のため

本館２階、旧会議室には筑豊炭田のジオラマを展示

見学所要時間

約60分

走り続けた機関車だ。明治24年（1891）に筑豊石炭鉱業組合が若松・直方間にいち早く鉄道がひかれたことから鉄道関係の展示も充実している。

昔も今も石炭は活躍している

記念館には炭鉱主や技術者が一堂に会して議論した内容を記録した議事録をはじめ、貴重な文書が収蔵されている。「○月○日○○に於いて××君○○に関する提案あり」

ずらりと並ぶ議事録。人々の熱い想いに触れることができる

など、当時の関係者の生の発言に触れれば、豊かな日本を夢見た時代の空気を味わえるだろう。「石炭化学館」では石炭が燃料としてだけでなく、製鉄や化学薬品の製造などで現在も使われていることを解説。来館者からは「当時の石炭産業の賑わいが感じられた」「石炭はこれからも利用価値があると分かった」等の感想が寄せられている。

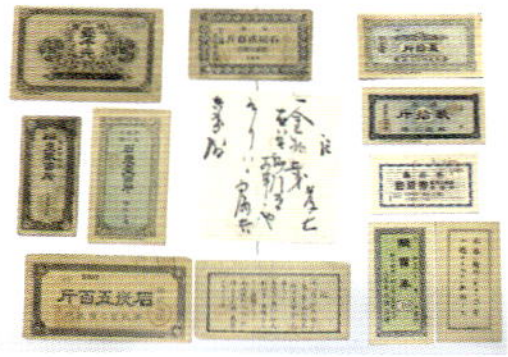

明治から昭和まで中小の炭鉱で流通していた斤券（私札）。発行された炭鉱のみで使うことができた

DATA

直方市石炭記念館

福岡県直方市大字直方 692-4
TEL 0949-25-2243
9:00～17:00（入館は 30 分前まで）
〈休〉月（祝日の場合は開館）・年末年始
〈交〉JR、平成筑豊鉄道直方駅より徒歩 15 分
〈料〉一般 100 円、大高生 50 円、中学生以下無料
〈駐〉あり〈予約〉不要

yumenity.jp/sekitan/

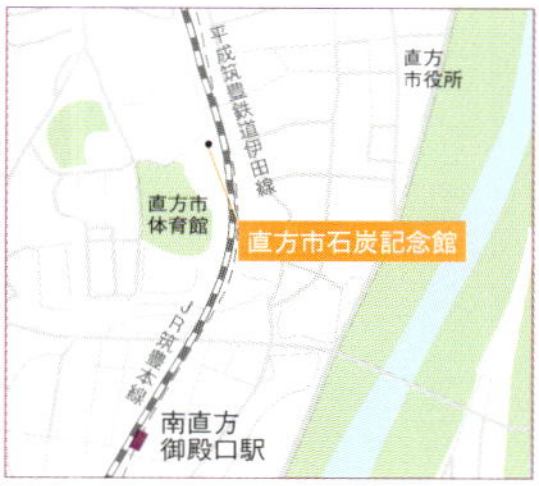

ここが見どころ！

2018 年、「筑豊炭田遺跡群」として本館と共に国指定史跡となった

ガス爆発や落盤などの炭鉱事故から、大切な人命を守るための訓練所

建物裏手にある「救護練習所模擬坑道」はガス爆発や落盤などの炭鉱災害の際に活躍した救護隊の訓練施設だ。明治 45 年の建設当初は全長 11m の木造坑道だったが、その後レンガやコンクリートなどで拡張され、傾斜 40 度の斜坑なども増設されて、総延長 117.6m となった。炭鉱災害から多くの命を救った隊員たちの活躍を伝える貴重な文化財だ。

町田オススメ!

君はカッパのミイラを見たことがあるか 松《まつ》浦《うら》一《いち》酒造資料館

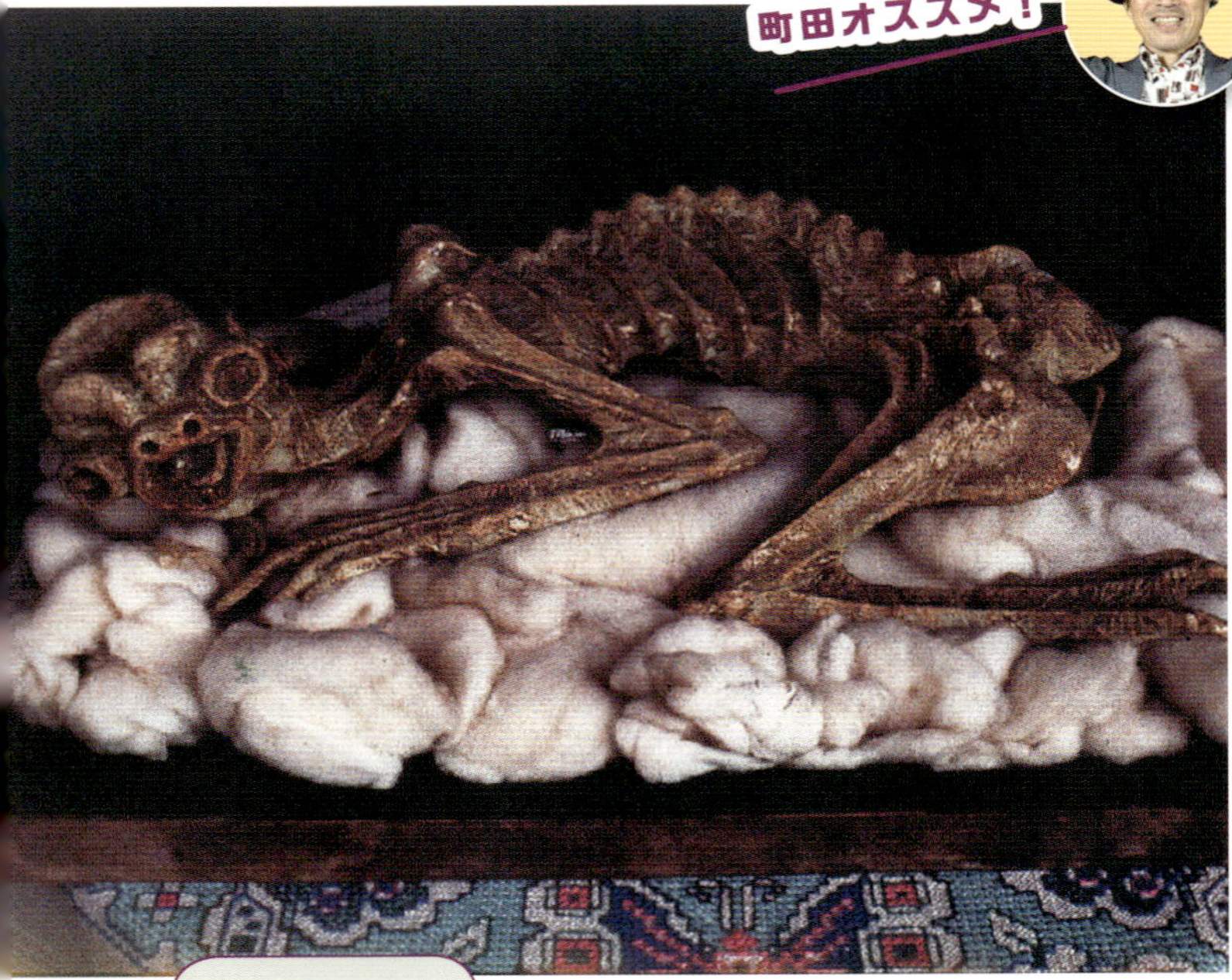

頭蓋骨が皿のようにくぼみ、背中は甲羅のように背骨が突出

銘酒を生み出す酒蔵に併設された謎の資料館

正徳6年（1716）創業の老舗酒蔵「松浦一酒造」には、資料館が併設されている。展示されているのは昔の米作りや酒造りの道具、とっくりやお猪口などの酒器。そしてカッパの石像や置物などたくさんのカッパグッズだ。そしてこちらの一番の目玉は、カッパのミイラ。大事なことだからもう一度言おう。カッパのミイラ、である。

事前に予約すれば、蔵の案内もしてくれる

見学所要時間

約**30**分

なぜカッパのミイラ？田尻家の歴史から探る

カッパのミイラは昭和28年、母屋の屋根の葺《ふ》き替え工事中に、屋根裏から見つかったという。ボロボロの紐でくくった黒い箱には「河伯」と墨書きされていた。戦国時代、筑後の国・田尻村の豪族であった田尻家は、肥前国下松浦郡山代村に所領を与えられて移住する。田尻村を流れる飯江《はえ》川にカッパの伝説が数多く存在しており、「田尻家は田尻村から山代村に移住するときに、このカッパのミイラを持って来たのではないか」と18代目の田尻泰浩さんは推測している。

カッパのミイラは資料館の奥に祀られている

数々の銘酒を製造。試飲も好評

ここが見どころ！

初めて見たという人がほとんどで、皆喜んで帰るという

良い酒造りのために、神と先祖への感謝の証し

カッパのミイラと聞けば「本物？ 偽物？」というカッパ評議はつきものだが、酒造りには良い米ときれいな水が欠かせないため、田尻家ではカッパのミイラを先祖から受け継がれた水の守り神として大切に保存してきた。体長は約70cm。指と指の間には水かきがついており、昔から描かれているカッパの絵によく似た特徴が数多く見受けられる。

DATA

松浦一酒造資料館

佐賀県伊万里市山代町楠久 312
TEL 0955-28-0123
9：00 ～ 17：00
〈休〉 無休
〈交〉 松浦鉄道楠久駅より徒歩７分
〈料〉 無料 〈駐〉 あり 〈予約〉 必要

www.matsuuraichi.com

コア
すぎ！

日本人ならみんなお世話になっている TOTOミュージアム

「ウォシュレット（※）」で世界に名を馳せるTOTO。その歩みがわかる

豊かで快適な暮らしを目指して100余年

広くてきれいな館内。それは即ち、創立者・大倉和親の想いを体現しているとも言えるだろう。大倉は欧州を視察し、「日本にも快適で衛生的な生活文化を普及させたい」という想いのもと、1912年に製陶研究所を設立。当時はまだ下水道の概念さえ一般に認知されていなかった時代で、試作を繰り返して1914年に国産初の「陶製腰掛水洗便器」を完成させた。

「TOTOミュージアム」は2017年に迎えた創立百周年の記念事業として2015年に開設。創業の精神やものづくりの想いと共に、豊かで快適な生活文化を創造してきたTOTOの歴史や水まわり製品の進化を紹介している。

「TOTOのこころざし」のコーナーで創業の想いに触れる

見学所要時間

約**60**分

※「ウォシュレット」はTOTO株式会社の登録商標

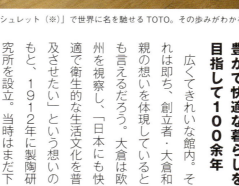

ユニークな便器に足を止める

便器が並ぶコーナーでは、おなじみの形のものから「これ本当に便器なの？」と思えるユニークな形のものまで様々。男女兼用の立ち小便器「サニスタンド」は1964年の東京オリンピックで国立競技場に設置されたことで知られている。「力士用腰掛便器」には実際に座ることもできるので、その大きさ、頑丈さを体感してみよう。

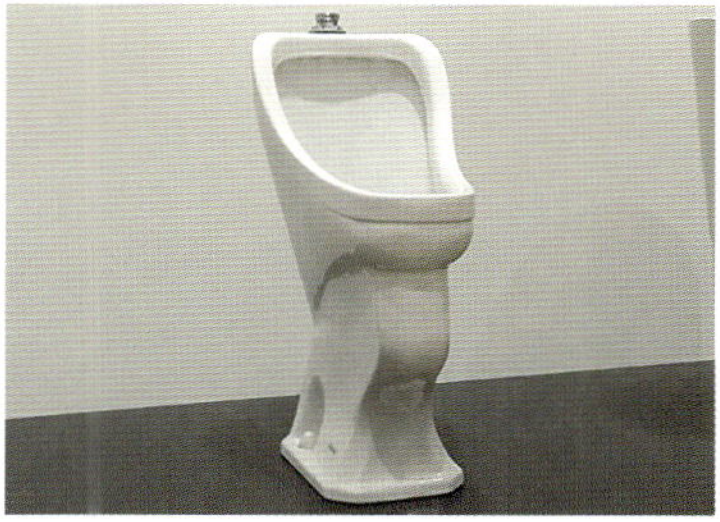
「サニスタンド」など珍しい形の便器も展示

トイレのイメージが強いTOTOだが、洗面所、浴室、キッチンなどの水まわり製品の他、創立から1960年代までは食器も製造しており、それらの歩みも知ることができる。

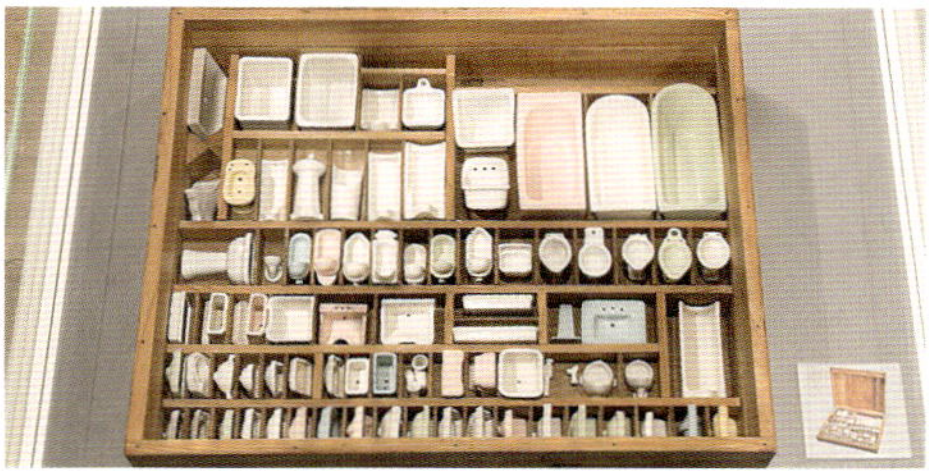
ショールームのない時代に営業マンが持ち歩いた衛生陶器のミニチュアサンプル。精巧に作られている

DATA

TOTO ミュージアム

福岡県北九州市小倉北区中島 2-1-1
TEL 093-951-2534
10:00 ～ 17:00（入館は 30 分前まで）
〈休〉月・夏期休暇・年末年始
〈交〉JR 小倉駅よりバス 15 分
〈料〉無料 〈駐〉あり
〈予約〉不要（20 名以上要予約）

jp.toto.com/museum/

ここが見どころ！

環境への取り組みの PR にバイク。うーむ、この発想はなかった！

燃料は生活排水と家畜の排せつ物！福岡ー東京を走ったバイクの雄姿

「トイレバイク ネオ」は、2011 年に、TOTO の環境への取り組みを PR するためにつくられた。生活排水や家畜の排せつ物などから生成されるエコなエネルギー「バイオガス」や「メタンガス」を燃料とし、実際に TOTO 本社（福岡県）から東京までの約 1,400km を 1 か月かけて走行した。またいつか、走っている姿を見てみたいものだ。

コア
すぎ!

日本の独《こ》楽《ま》資料館

日本全国の独楽が5000点

巨大な独楽には財運招来のご利益を願って竜神と七福神が描かれている

まず圧倒されるのは8tの巨大な独楽

独楽は日本に昔からある玩具だが、近年では遊ぶ子どもがめっきり少なくなり、作り手も減った。独楽の文化を残したいと、館長の花元克己さんは2000年頃から独楽の収集を始める。仕事で日本各地を訪れた際に、独楽を求め歩いたが、とりわけ独楽とコケシを一緒に作る職人が多い東北を回ることが多かった。こうして集めた独楽はその数5000。

館内に入るとドーンと現れるのが世界一の巨大な「竜神瑞祥大独楽」。福岡の山笠職人が手がけたもので、直径3・5m、重さ8t。芯棒ひとつでバランスをとり、実際に回すこともできるというから驚きだ。

蔵造りの意匠がステキな建物

見学所要時間

約**20**分

きれい、かわいい、面白い独楽がたくさん

他にも様々な形や回り方をする独楽を展示。直径1ミリの世界一小さな独楽、夫婦祝い独楽、ウェディングベル独楽など楽しいものばかり。「花独楽」は倒れても回り続け、きれいな花を咲かせる仕掛けで、花元さんが特許を取ったものだという。

30日間回り続ける不思議な「久遠《くおん》の独楽」

別館の独楽工房では独楽遊びや独楽作りなどの体験もできる。大人は童心に返り、子どもはキラキラと目を輝かせる、独楽愛にあふれた資料館。開館は毎月第3日曜のみだが、10名以上で予約すれば平日も見学可能だ。

倒れても回り続け、花を咲かせる「花独楽」

DATA

日本の独楽資料館

福岡県飯塚市立岩 1122-1
TEL 0948-23-5300
10：00 ～ 17：00
〈休〉毎月第3日曜のみ開館
〈交〉JR新飯塚駅より徒歩10分
〈料〉大人200円、子ども100円
〈駐〉あり〈予約〉不要

ここが見どころ！

お気に入りの独楽は見つかりましたか？

♪あかりをつけましょ… ちょっと待った！ 独楽の雛壇飾り!?

館内では大きな雛壇飾りが目に入る。高さ3m、横3.5m。独楽の資料館なのになぜお雛様？ と近づいてみれば納得。雛人形の代わりに飾られているのは全て独楽。地元の職人さん等が作ったものだという。「男の子も女の子も関係なく日本の伝統に親しんでほしい」と思いを語る館長。一つ一つ見ていると、あっと時間が経つだろう。

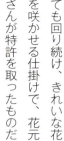

コアすぎ！

妄想のパラダイス

不思議博物館

全長 4.2m の巨大クマムシがお出迎え

造形作家の館長発 摩訶不思議ワールド

館長の角孝政さんは様々な美術作品やテーマパークなどの造形物を手がけてきた造形作家。1階が館長の工房で、2階が「不思議博物館」となっている。1998年よりインターネット上に架空の博物館としてオープンしていたが、2008年に実際に訪れることができる博物館として開館。館長の作品、集めた物、好きな物が所狭しと展示されている。

開館は月1回、最終日曜のみで、この日を楽しみに遠方から訪れる人も。なお福岡市天神には分室「サナトリウム」と銘打ったカフェ＆ギャラリーもあり、水曜のみ定休。こちらも摩訶不思議ワールドなので、訪れてみよう。

漫画『ねこぢるうどん』のキャラ「コロぺた号」が…

見学所要時間

約120分

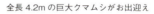

眺めて楽しい 遊んで楽しい

展示作品の一例を挙げよう。「巨大くまむし」「ウミサソリのテーブル」「コロぺた号」「ディプロカウルス」…こう列挙しても何が何だかわからない。百聞は一見にしかず、とにかく足を運ぶのが一番だが、ちょっとだけ紹介しよう。「巨大ゲームコントローラークリムゾン」は、巨大なオブジェにゲームコントローラーをはめ込み、ゲーム『デスクリムゾン』を実際に楽しめるもの。…うーむ、こう書いてみても、やっぱり意味が伝わらないだろう。これはもう行くしかない！

開館日になるとマスコットキャラクター「不思議子ちゃん」が現れる

古代両生類ディプロカウルス。館長作。3m の大きさ

DATA

不思議博物館

福岡県那珂川市西畑 1466-2
TEL 090-4989-8783
12:00 ～ 18:00（入館は 30 分前まで）
〈休〉 毎月最終日曜のみ開館、12 月要問い合わせ、1 月休館
〈交〉 JR 博多南駅より車で 10 分
〈料〉 無料 〈駐〉 あり 〈予約〉 不要

bu9t-sm.wixsite.com/html

ここが見どころ！

上／美術展に出展された巨大クマムシ　右／チョコ、ジャム、スポンジで作られたアイスケーキ。2 人前サイズ 1,700 円（ドリンク 2 つ付き）

クマムシへの愛が、巨大造形物とアイスケーキへと昇華

実在するクマムシは、形はいかついが顕微鏡で見るような微生物だ。そのギャップが面白いと思った館長、これを 1 兆倍の全長 4.2m の巨大クマムシにした。発泡スチロールにラテックスゴムを塗ったリアルな形で、過去に様々な美術展にも出展している。クマムシの形をしたアイスケーキも 1 日 1 個限定で提供。先着順。

コア
すぎ!

雲龍資料館

町を挙げ、郷土の横綱を称え、相撲を愛する

雲龍の銅像と、江戸時代に描かれた錦絵パネル

雲龍型土俵入りの由来となった横綱

横綱土俵入りの型に、「雲龍型《うんりゅうがた》」と「不知火型《しらぬいがた》」の2種類が存在するのはご存知の通り。それぞれ雲龍久吉《ひさきち》と不知火光右衛門が行っていた土俵入りの型を起源として伝えられている。ここ柳川市大和町の「雲龍資料館」は、同町出身の第10代横綱・雲龍久吉を顕彰する目的で1993年に建てられた。雲龍は早くに父母を亡くし、弟妹を食べさせるために働いた。16歳の頃、矢部川の工事に従事していた時、天秤棒で計180キロの重さの石を担いで12キロ歩いたという逸話が残されている（その力石は資料館から車で10分ほどの海童神社に奉納されている）。

資料館は国道208号線そばにある公園「雲龍の郷」の一画に建つ

見学所要時間

約30分

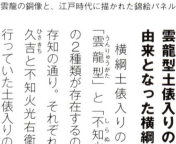

郷土出身の力士を応援 地域を挙げての相撲愛

館内には雲龍のみならず、柳川市出身の琴奨菊関にまつわる品々や、双葉山以降の歴代横綱の写真なども展示している。資料館の建つ公園に整備された土俵では、毎年11月に少年相撲大会を開催。琴奨菊関もかつてはこの大会で優勝したという。その時の表彰盾や、中学生の時に稽古で締めたまわし、大相撲で三賞を受賞した時のトロフィーなども展示しており、郷土出身の力士の活躍は子どもたちに希望を与えている。今も市内には土俵のある小学校が多く、地域を挙げての相撲への愛を感じることができる。

双葉山、大鵬、千代の富士などの力士の手形を掲示。自分の手の大きさと比べてみよう

雲龍に関する錦絵や番付。博多での相撲興行の番付も残されている

DATA

雲龍資料館

福岡県柳川市大和町鷹ノ尾 151-2
TEL 0944-76-1122
10：00 ～ 18：00
〈休〉月・毎月最終木曜
（祝日の場合は翌平日）・年末年始
〈交〉西鉄中島駅より徒歩 20 分
〈料〉小中学生 50 円、高校生以上 100 円（市内居住者：無料）
〈駐〉あり〈予約〉不要

ここが見どころ！

装束と合わせて、軍配団扇、烏帽子、草履も展示されている

旧大和町の町章が配された行司の装束を展示

柳川市は 2005 年に合併する以前は、柳川市・大和町・三橋町と分かれていた。館内の展示物で目を引くのが、旧大和町の町章を配置した行司装束。第 29 代の行司、木村庄之助が着用したものだ。貴乃花が横綱に昇進した時の明治神宮土俵入りの際に、実際にこの装束が着用された。雲龍型の貴乃花の土俵入りを前に、行司装束もひと際映えたことだろう。

コアすぎ！

博多の歴史・文化を今に伝える「博多町家」ふるさと館

市民の保存を望む署名により残された町家部分は、福岡市有形文化財に指定されている

博多商人の暮らしを垣間見よう

博多の総鎮守・櫛田神社そばに建つ、明治中期に建てられた博多の町家を移築復元したこちら。かつて博多織の織元の工場兼住宅だったが、現在は明治～昭和時代の博多の暮らしを紹介する施設として親しまれている。建物を正面に見て、中央が移築復元された町家棟。小ぶりの間口から中に入ると、大きく高い吹き抜けが印象的な広々とした空間がお出迎え。太い大黒柱や彫りもので飾られた渡り廊下など、商家の栄華が随所に感じられる。毎日11～13時、15～17時には博多織の手織りを見学・体験することも可能だ。

博多織の手織り実演。リズミカルな機織りの音が高い天井に響き渡る

見学所要時間
約60分

祭りに伝統工芸品 博多の文化が集結

町家棟を中央に、右手が展示棟、左手がみやげ処になっており、展示棟のみ入館料がかかる。展示棟は２階建てで、１階では博多の歴史や文化に関わる史料、２階では商家に伝わる生活道具や博多の伝統工芸品を紹介。博多っ子が熱狂する博多祇園山笠の魅力をまとめた「博多祇園山笠映像シアター」で勇壮な祭りの雰囲気を体感したり、人や町を精巧に再現したジオラマや古地図から博多の今と昔をたどってみたりと、バラエティに富んだ展示や体験を楽しもう。みやげ処では、博多の工芸品や名産品などを購入できる。

素朴で愛らしい博多人形が博多の暮らしを表現。みやげ処では販売も

博多祇園山笠の熱気が映像からも伝わる

DATA

「博多町家」ふるさと館

福岡県福岡市博多区冷泉町 6-10
TEL 092-281-7761
10:00 ～ 18:00（入館は 30 分前まで）
〈休〉第４月曜（祝休日の場合は翌平日）、12/29 ～ 12/31
〈交〉地下鉄祇園駅より徒歩５分
〈料〉一般 200 円、小中学生無料
※町家棟・みやげ処は無料
〈駐〉なし〈予約〉不要

www.hakatamachiya.com

ここが見どころ！

博多独楽の制作風景。職人と直接会話したり質問したりすることができるため、県外・海外の観光客にも喜ばれている

日替わりで伝統工芸の実演＆体験を楽しめる！

展示棟２階では、博多人形（金～月曜）、博多張子（火曜）、博多独楽（水曜）、博多曲物（木曜）といった、博多を代表する伝統工芸の制作実演が日替わりで行われている。職人の技を間近で見ることができるほか、絵付けなどの体験も可能。手作りした博多の伝統工芸品を旅の思い出にしよう。◎実演 10：00 ～ 12：00、14：00 ～ 16：00　※体験（材料費）は 1,500 円

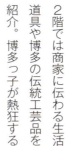

コア
すぎ！

自由すぎる鏝絵ワールド

鏝《こて》絵《え》美術館

三浦さんの半世紀にわたる積み重ねが並ぶ

左官職人の技術と遊び心が詰まっている

三浦辰彦さんは中学卒業後に左官業の見習いを経て独立。「いつか自分の家を建て、大きな壁いっぱいに左官道具の鏝を使って絵を描いてみたい」と思っていた。昭和46年、念願の家を建てることとなり、その夢が実現。白い壁にいっぱいに鶴、亀、松竹梅の鏝絵（漆喰を用いて作るレリーフ）を描いた。「鏝絵は平面的な絵画にはない陰影や立体感、力強さがある」と三浦さん。その面白さに魅了され、描き続けてきた。古い作品では50年近くの年月が経っており、「ホコリやカビも目立っていますが、これも歴史だなあ、と思っていただければ」とおおらかに笑う。

夢が叶った
自宅の外壁

見学所要時間
約**30**分

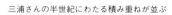

テーマは様々、そして自由すぎる世界

描かれている作品はどれも色鮮やか。所狭しと並べられており、その数およそ200点。テーマは美しい花鳥風月からマンガのキャラクター、政治家の似顔絵まで様々だ。ウロコの一枚一枚が緻密に描かれた龍など芸術的な作風のものから、ちょっとシュールな作品まで、見ていて飽きることはない。

訪れた人々は老若男女、みなニヤリと笑って見て帰るという。遠方から飛行機で訪れる人もいるとか。三浦さんの自由で豊かな感性に触れれば、きっと心洗われるだろう。

1995年、福岡市美術館に出展し、初入選を果たした「夫婦鶴」

2005年、タイの美術展に出展した作品。絵を見た国王から、「タイにフラミンゴはいません」と言われたという。「楽しい思い出です」と三浦さん

DATA

鏝絵美術館

福岡県大野城市下大利 4-7-1
TEL 092-596-0301
日の出から日の入りまで
〈休〉無休
〈交〉JR 水城駅より徒歩 8 分
〈料〉無料〈駐〉あり〈予約〉不要

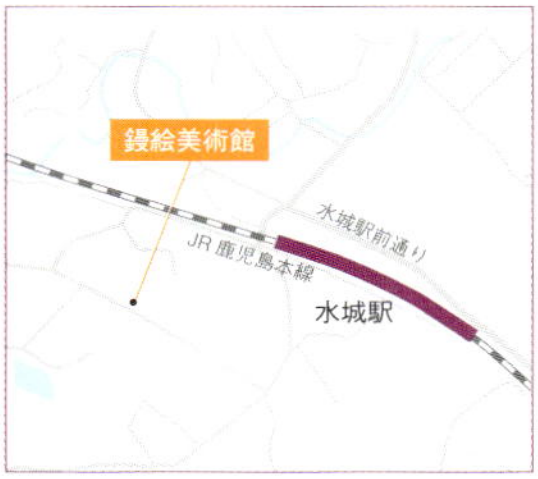

ここが見どころ！

この作品の前ではほとんどの人が足を止めるという

日本の美を凝縮した作品がなんとルーブル美術館に！

桜の花びらがはらはらと舞い散る中を鶴が羽ばたき、松の向こうに堂々たる富士山。ザ・ニッポン！といった感じのこちらの鏝絵は、なんと 2003 年にフランスのルーブル美術館に展示されたものだという。タイトルはまさしくそのまま、「美しき日本」。日本の風景の美しさを熟練の左官技術で表現し、世界へ羽ばたいた作品だ。

コアすぎ！

世界はまるい、ただひとつ
世界の人形館

ここは人形の海。人形の森。身をゆだねれば、何かが見えてくる

各国の民族衣装を着た人形がずらりと並ぶ

世界各地のディズニーパークにある「イッツ・ア・スモールワールド」。各地の民族衣装を着た人形が歌う『小さな世界』を聞きながら、世界一周の旅を楽しむアトラクションだ。だがそんな遠くに行かなくても、福岡にもその世界観と変わらない人形の展示館がある。

館長の西村四郎さんは若い頃、北杜夫の『どくとるマンボウ航海記』や小田実の『何でも見てやろう』に憧れて日本郵船の船に乗り込み、外国航路のシップ・ドクター（船医）として勤務した。「アジア、中近東、アフリカ、南米、北米と世界中を回りました。おみやげとして民族衣装を着た人形を買い求めるようになったのがコレクションのきっかけです」

インドネシアの木彫りの仮面人形「ハヌマーン」

見学所要時間

約30分

世界の風俗を伝える人形がテーマ

館内は見渡す限りの人形、人形、また人形。コレクションを始めたのは昭和40年代で、船医を辞めた後も旅行で海外に行く度に買い求め、あるいは人から譲り受けるようになったという。「1万体以上はあるでしょう。入りきらないものは自宅にも収蔵しています」と西村さん。人形をコレクションする人は多いが、こちらの館では「その国の文化、歴史、風俗、習慣を伝えるものにしぼっています」と話す。来館者は家族連れが多く、まず人形の数の多さと、種類の多様さに驚くという。

首長族の人形。インテリアとしても美しい

お気に入りの人形を見つけよう

ここが見どころ！

民俗学、民族学、服飾文化を学ぶ人にとっても訪れる価値がある

みんな輪になり手をつなごう ジャンル分けをやめたワケ

ガラスケースに入っている人形は国ごとに分けて解説プレートを付けている。だが、そこに入りきらずフロアに並べている人形については、国やジャンルが混在している状態だ。「ある時から、国ごとに分けることに違和感を覚えるようになったんです。世界はひとつ。どこの国も平等に、差別のない世界でありたい。そんな思いを込めています」と西村さん。

DATA

世界の人形館

福岡県久留米市三潴町
西牟田6557-89
TEL 0942-65-1133
10：00～12：00、14：00～16：00
〈休〉土・日・祝
〈交〉JR西牟田駅より徒歩20分
〈料〉無料〈駐〉あり〈予約〉必要

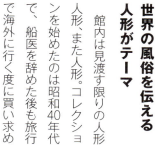

コアすぎ!

気球に乗ってどこまでも 佐賀バルーンミュージアム

天候に左右されずにバルーンの魅力に触れられるのが嬉しい

バルーンの聖地佐賀で天候に関わらず学べる

ミュージアムに入り出迎えてくれるのは、気球の大きなオブジェ。こちらは佐賀市立のミュージアムだが、そもそもなぜ佐賀で気球なのか?それは佐賀平野の地形が関係している。広い空域が確保でき、北側は山、南側には有明海。いくつもの川も流れていて、気球を飛ばすのに面白い風が吹くのだという。

1980年から毎年「佐賀インターナショナルバルーンフェスタ」が開催されており、「佐賀バルーンミュージアム」は佐賀市で3回目となる熱気球の世界選手権が開催された2016年にオープンした。

毎年秋、100機を超えるバルーンが佐賀の空を彩る

見学所要時間
約40分

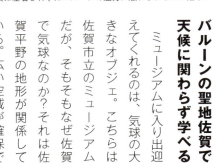

迫力の映像で ワクワク体験

まずはスーパーハイビジョンシアターで大空の旅へ飛び立とう。280インチの大画面で臨場感あふれる迫力の映像が映し出される。

展示コーナーではバルーンの歴史や佐賀市の競技大会のあゆみ、バルーンの仕組みなどを紹介する。気球について学べるクイズラリーやカメラの前に立つと自分の顔がバルーンになって飛んで見える映像など、楽しみながら回れるのが特徴。何気なく来館したところミュージアムでバルーンについて知り、「バルーンフェスタに行きたい」という人もいるそう。

気球を表すシンプルなデザインがオシャレ

展示コーナーではバルーンの仕組みや歴史を学べる

DATA

佐賀バルーンミュージアム

佐賀県佐賀市松原 2-2-27
TEL 0952-40-7114
10:00～17:00(入館は 30 分前まで)
〈休〉月(祝日の場合は翌平日)・年末年始
〈交〉JR 佐賀駅よりバス 5 分
〈料〉大人 500 円、小中高生 200 円、未就学児無料〈駐〉あり〈予約〉不要

www.sagabai.com/balloon-museum

ここが見どころ！

約3分間の空の旅へ。小さい子どもや車いす利用者用の専用コントローラーもある

気分はバルーンパイロット！ 大人気のフライトシミュレーター

「鳥のように空を飛びたい」という人類の憧れを最初に叶えたのが熱気球。このフライトシミュレーターでは、バルーンのパイロット気分を味わえる。佐賀平野の映像が映し出され、離陸からゴール地点のターゲットに向けて、マーカーを投下するまでの実際の大会でも行われるタスク（競技）を行う。風を読み、行きたい方向へ頭上にあるバーナーを操作して進もう。

コアすぎ！

磁器づくりが盛んだった時代をそのまま保存

志田焼の里博物館

広大な敷地に陶土工場、釉薬調合場、石膏型成形場などの建物が建つ

志田焼の工場を後世に残す

唐津・伊万里・有田など陶磁器の産地として有名な佐賀県。そのうち「志田焼」とは、鍋島藩領の志田東山と支藩蓮池領の志田西山、二つの窯場で焼かれたものを指す。初期は陶器のみだったが、18世紀半ば頃から天草陶石による磁器の焼成を開始。火鉢、皿、酒器、湯たんぽ、花瓶など大衆向きの手頃な焼き物として親しまれ、幕末期の鍋島藩において志田焼の占める割合は過半数を占めるまでになったが、昭和59年に全ての窯が閉鎖され、現在は作られていない。

大正3年から昭和59年まで稼働していた焼き物工場がそのままの状態で保存されているのがこちらの博物館だ。

志田焼の絵付けは美しい青色が特徴

見学所要時間
約**30**分

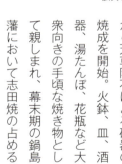

世界で一つだけ！陶芸体験で作品づくり

まるで昨日まで工場が稼働していたかのようにそのまま保存されており、その歴史的価値から、2016年に文化庁により「日本遺産」に認定された。約7500㎡の敷地に、大小の木造建物が23棟。志田焼の歴史や製造過程を学び、展示作品を見ることができる。また、ロクロでの造形や絵付けの体験も行っており、作った作品は1カ月ほどかけて窯で焼かれて宅配便で配送される。皿、茶碗、マグカップ、ランプシェードなど世界で一つだけのオリジナル品を作ってみよう。

陶土工場のスタンパー（石を砕いて粉にする機械）

体験料（材料費・焼成費込み）はロクロ作品1点1,300円～（送料別）

DATA

志田焼の里博物館

佐賀県嬉野市塩田町久間乙3073
TEL 0954-66-4640
9:00～17:00（入館は30分前まで）
〈休〉水・年末年始
〈交〉武雄北方ICより車で15分
〈料〉一般・高校生300円、小中学生150円
〈駐〉あり〈予約〉必要

shidayakinosato.com

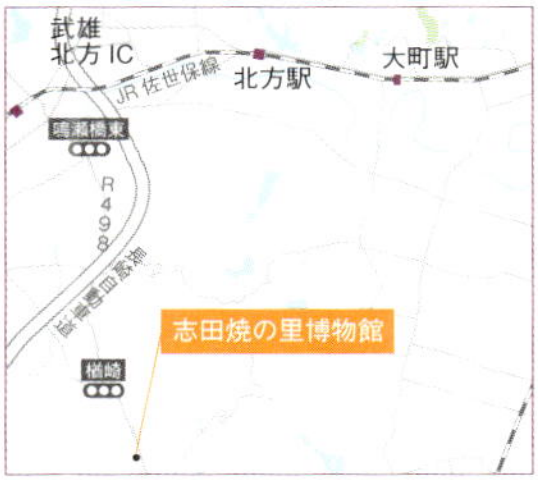

ここが見どころ！

日本一の窯の内部は、絶好の撮影ポイント

国内最大級の窯の中に入り、その大きさを体感しよう

中に入ることのできる大きな窯が三つあり、そのうち一つは日本一の大きさ。ギャラリーとして使われたり、コンサートが開催されたりもするという。優に50人は入ることができる広い空間は、音の響きも抜群だ。「トンパイ」と呼ばれる耐火レンガで囲まれたレトロな趣の空間は、写真映えすること間違いなし。

コアすぎ！

古代と変わらぬ姿がそこに！

伊万里湾カブトガニの館

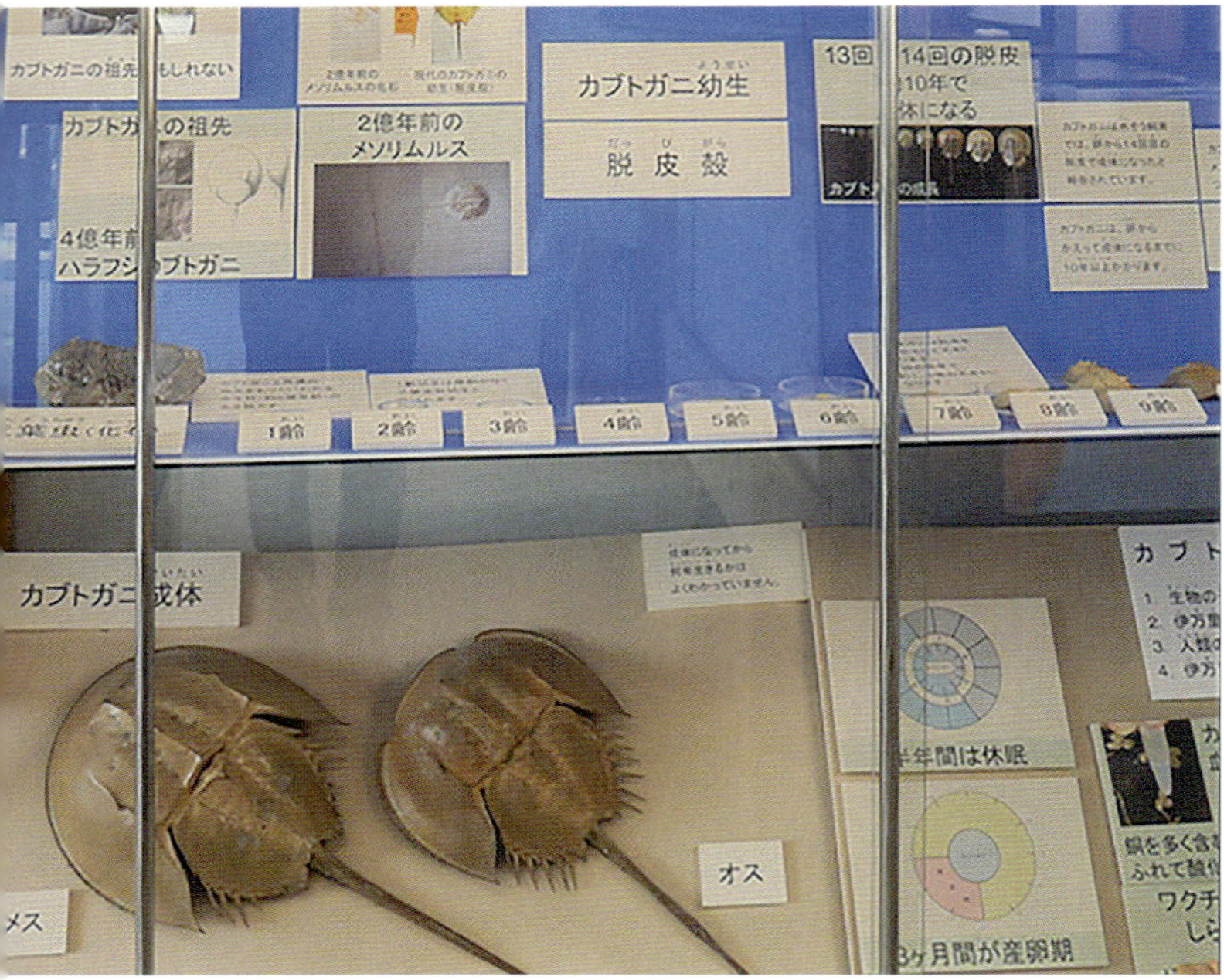

館は小さいながら、カブトガニにひたすら特化した潔さが心をくすぐる

生きている化石の奇跡に触れる

カブトガニの祖先は三葉虫で、その姿は2億年前から変わらないため「生きている化石」と呼ばれている。かつては瀬戸内海と九州北部の沿岸部に広く生息していたが、現在では環境破壊が進み生息数が激減。その生態には未解明の部分も多く、研究・保護活動が重視されている。

日本最大の生息・繁殖地といわれる伊万里湾では、毎年7～9月の満潮時にカブトガニが浜にやってきて産卵する姿を見ることができる。「伊万里湾カブトガニの館」はこの浜のすぐそばに建てられた展示・研究施設。生態について解説した展示や、実際に生きているカブトガニを見ることができる。

カブトガニのかわいいキャラクターが目印

見学所要時間
約**20**分

知らず知らずのうちにクセになっていく

カブトガニは神秘的な生き物だ。一夫一妻制で、ペアになった雌雄は産卵期になるといつもくっついたまま行動する。仲睦まじいその姿に、訪れる人々は思わずにっこり。また、初めは直径数ミリ程度の小さなカブトガニが、脱皮を繰り返して30㎝くらいの大きさになっていくのも興味深い。

館内を見て回り、すっかりカブトガニファンになったら、オリジナルグッズを買って帰ろう。人気商品はカブトガニを漢字で表したTシャツまたはポロシャツ。「鱟」と書く。見ているだけでカッコイイ漢字。話題になること請け合いだ。

「鱟」の漢字Tシャツ

脱皮を繰り返し、成長していく。夫婦仲良い姿も含めて、人間はカブトガニを見習わなくてはならない

ここが見どころ！

左／産卵期につがいで浜に現れたカブトガニ　右／放流活動

目の前の浜辺で、カブトガニを観察。保護活動も盛んに行われる

館の目の前に広がる浜は多々良海岸と呼ばれ、日本でも有数のカブトガニの生息・繁殖地。海岸周辺の約58万㎡が国の天然記念物に指定されている。こちらでは地元の小中学生が育てたカブトガニの放流活動や、産卵時の観察活動が行われている。きれいな海を守り、生き物を保護する大切な活動だ。館を訪れたら、浜辺にも足を運んでみよう。

DATA

伊万里湾カブトガニの館

佐賀県伊万里市木須町5760-17
TEL 0955-22-5783
10：00～16：00（7・8月および土・日・祝は9：00～17：00）
〈休〉月（祝日の場合は翌日、7・8月は休館なし）・年末年始
〈交〉JR伊万里駅より車で10分
〈料〉無料〈駐〉あり〈予約〉不要

コアすぎ！

昭和ロマン蔵

昭和のお宝を詰め込んだ施設

大人は「懐かしい！」、子どもは「かわいい！」と見入ってしまう

昭和をテーマに町おこしの取り組み

大分県豊後高田市は江戸時代より海上交通が栄えた地で、中心商店街は江戸時代から昭和30年代にかけて国東半島で最も栄えた町だった。昭和30年代の活気を蘇らせようと、2001年より「昭和の町」の取り組みをスタート。昭和の趣を残す町並みを保存・再現し、当初7店舗から始まった昭和の町認定店は現在51店舗に増え、年間約40万人の来訪者を迎えている。その一角に建つ「昭和ロマン蔵」は東蔵、北蔵、南蔵の3棟で構成され、「駄菓子屋の夢博物館」「チームラボギャラリー 昭和の町」「昭和の夢町三丁目館」「レストラン旬彩南蔵」など懐かしい昭和が再現されているテーマパークだ。

個性あふれる3つの棟をめぐって楽しもう

見学所要時間
約90分

駄菓子屋の迷宮に迷い込む幸せ

蔵は明治から昭和にかけて大分県きっての豪商であった野村家の倉庫（昭和10年頃に築造）を改造して造られた。「駄菓子屋の夢博物館」では駄菓子屋のおもちゃコレクターとして日本一の規模を誇る小宮裕宣館長の、30万点を超えるコレクションの中から選りすぐった6万点を公開。鉄人28号や鉄腕アトムなどの懐かしいおもちゃが迎え入れてくれる。「昭和の夢町三丁目館」にはオート三輪車「ミゼット」、木製の机やチョークで描く黒板のある教室、当時花形であった電化製品などが展示されている。

ブリキのおもちゃや夜店のお面…郷愁に浸れる

駄菓子屋の店内に吊り下げられていたおもちゃが飾られている

DATA

昭和ロマン蔵

大分県豊後高田市新町 989-1
TEL 0978-23-1860
9：00 ～ 17：00
〈休〉年末（12/30、12/31）
〈交〉宇佐 IC より車で約 20 分
〈料〉大人 850 円、小中高 600 円
〈駐〉あり〈予約〉不要

www.showanomachi.com

ここが見どころ！

自分の描いた人間の絵が、豊後高田市の盆踊り「草地おどり」を踊り出す

絵が紙から飛び出し、踊り出す。チームラボが贈るデジタルコンテンツ

昭和ロマン蔵の一角に、最新のテクノロジーを活用したシステムやデジタルコンテンツの開発を行うクリエイティブ集団「チームラボ」が「チームラボギャラリー昭和の町」をオープンさせた。「お絵かき草地おどり」と題する常設展示は、自分が紙に描いたキャラクターをスキャナーで取り込むと、目の前の大型スクリーンで踊り出す仕掛け。

コアすぎ！

地底探検に出かけよう！
鯛生金山《たいおきんざん》地底博物館

バッテリー機関車と、連結された鉱車。金鉱石を満載し運ぶ

東洋一を誇った金鉱山の記憶を残す

かつて日本には多数の金鉱山があったが、資源枯渇により次々と閉山した。有名な佐渡金山も平成元年に閉山。そんな中、現役の金鉱山で、過去からの累計産出量で佐渡金山をしのぐ規模を誇るのが鹿児島県の菱刈鉱山。炭鉱の印象が強い九州だが、実は金鉱山もスゴイのだ。

大分県の鯛生金山は明治時代に発見され、昭和初期には年間産出量が佐渡金山を上回り「東洋一」の名声を誇った。昭和47年に閉山したが、その産業遺跡を中津江村の活性化に役立てようとこちらの博物館がつくられた。

パネルで金山の歴史を解説

見学所要時間
約60分

ワクワク、ドキドキ地底探検へ

坑道は総延長120㎞の距離だが、そのうち800mほどを見学できる。坑道は奥へ奥へと続き、1周まわるのに所要時間約40分。坑内は竪坑ゾーン、初期採鉱ゾーン、採掘場ゾーンに分かれており、当時使われた機械、人形等を使って坑内作業を忠実に再現している。

機械化以前の時代を再現。ノミや槌で掘っていた

坑内の気温は年間を通して約14度、夏は涼しく冬は暖かい。夏は肌寒いくらいに感じるほどなので上着持参がオススメだ。砂金採り体験も行っており、道の駅にも隣接しているので家族で訪れても楽しい。

イルミネーションが坑道を照らし、幻想的な空間

DATA

鯛生金山地底博物館

大分県日田市中津江村合瀬 3750
TEL 0973-56-5316
〈3～11月〉9:00～17:00
〈12～2月〉10:00～16:30
〈休〉1/1
〈交〉大分自動車道日田ICより車で60分、九州自動車道広川ICより車で70分
〈料〉大人1,100円、中高生880円、小学生550円〈駐〉あり〈予約〉不要

taiokinzan.jp

ここが見どころ！

海抜0mまで達する竪坑

地下へ吸い込まれそうな恐怖！竪坑を覗いてみよう

竪坑ゾーンにある第1竪坑は必見だ。当時は人間や機材、鉱石などをエレベーターで上げ下ろししていた。最も深く掘り下げた場所で540m下の海抜0m。地下まで続く穴を上から覗いて見ることができる。ライトアップされているので、その深さを実感できるだろう。現存する金山の見学施設では鯛生金山でしか見ることのできない貴重な光景だ。

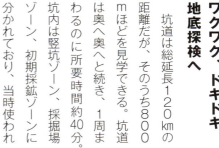

コア
すぎ！

別府の魅力がたくさん詰まった
平野資料館

平野さんの自宅の一階を無料開放して別府の貴重な資料を展示

別府を愛する館長のコレクション

別府市に生まれ育った館長の平野芳弘さんは、35年にわたり別府の歴史文化資料やポスター、写真など約1万点を収集。観光だけではない本物の別府の魅力を伝えたいと、1998年10月10日に自宅の1階を開放して資料館をオープンした。隆盛を極めた明治・大正・昭和時代の街の様子を当時のポスターや写真から読み解くことができる。人気の画家、竹久夢二がポスターを描いていたことからも、当時の繁栄が伺える。「大正ロマンを感じさせる手書きのポスターは、今見てもデザイン性に優れているんですよ」と、平野さん。

駅からも近く、別府へ来た際に訪れたい

見学所要時間

約**30**分

より深く別府が学べる

ポスターや写真の他にも、文学資料や地図や本、別府の夜の街に彩を添えた日本最後の流しコンビ「流しのはっちゃん・ぶんちゃん」、日本初のバスガイド「村上アヤメさん」の資料など、ジャンルを問わず別府関連の資料が揃っている。また、別府の街をより深く学びたい人は連絡協議会が主催する街歩きツアー「別府八湯ウォーク」もおすすめだ。平野さんも参加している別府八湯ガイドの案内で、別府温泉路地裏を解説付きで散歩する。

手書きのポスターは、懐かしい一方でモダンさも感じられる

所狭しと別府の資料が展示されている

DATA

平野資料館

大分県別府市元町 11-7
TEL 0977-23-4748
14：00 ～ 18：00（要連絡）
〈休〉不定休
〈交〉JR 別府駅より徒歩 7 分
〈料〉無料〈駐〉なし〈予約〉必要

www.hirano-museum.info

ここが見どころ！

事業に失敗し、再起を図ってアメリカへ渡航した際に携帯した鞄鞄と帽子

別府観光開発に尽力した「油屋熊八」資料

別府観光の生みの親として称される油屋熊八は、様々なアイデアを駆使して別府の観光・発展に尽力し、街の恩人として今でも人びとに慕われている。自身の私財と借金で別府温泉の宣伝を行い、別府の名前を全国へと広めた。JR 別府駅前の銅像は今も街を見守るかのようだ。そんな油屋熊八の資料も多数揃うので、熊八について調べる際に多くの人が訪れるという。

コア
すぎ！

人と人を結ぶコミュニケーションの立役者

門司電気通信レトロ館

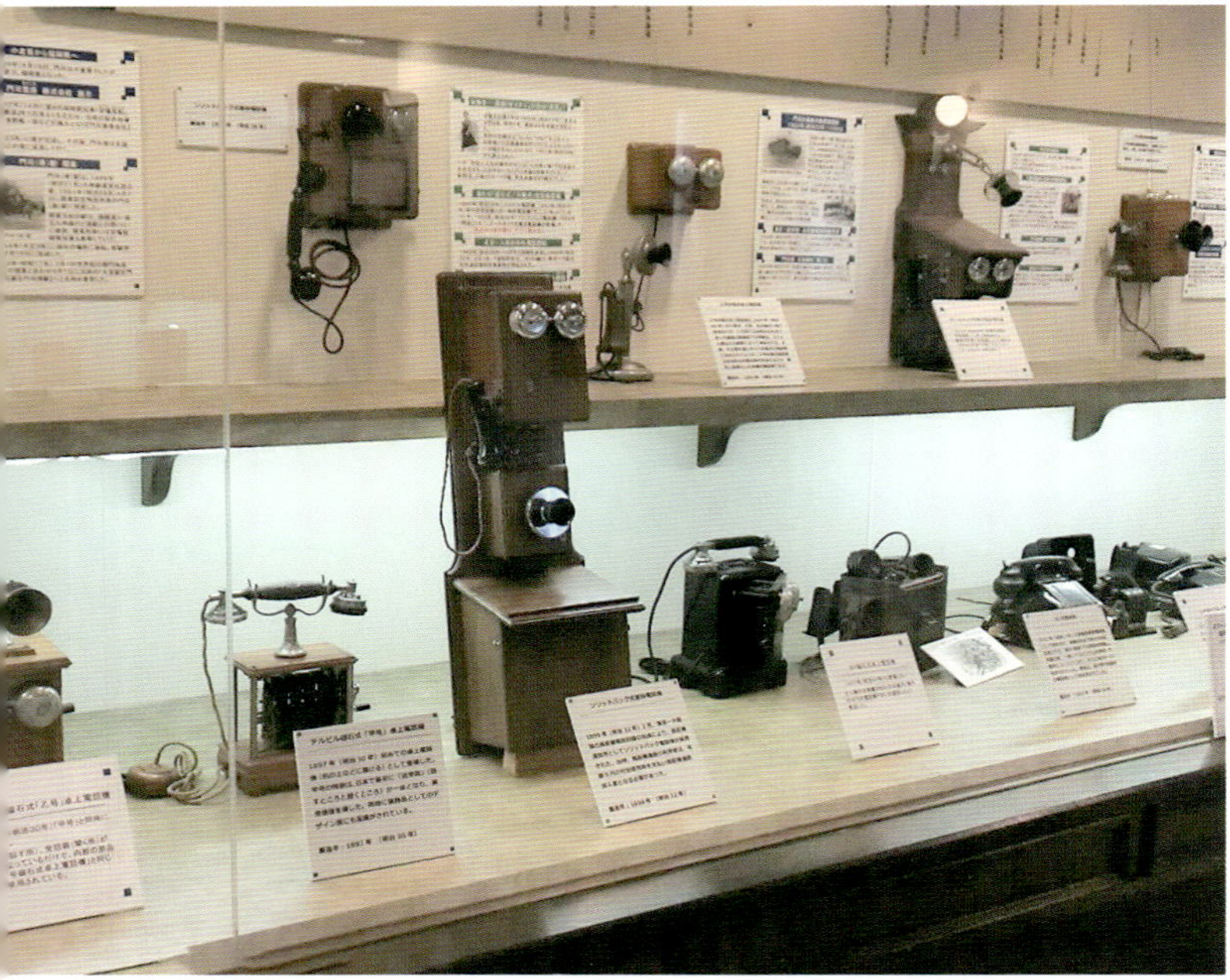

機械好きはもちろん、アンティークファンの心も揺さぶる

門司のレトロ建築群を構成する文化的建造物

明治・大正・昭和・平成と革新を重ねてきた電信電話技術。その歴史を物語る貴重な資料を展示している。

まず注目したいのが建物だ。大正13年（1924）築。後に京都タワーや日本武道館等も設計した逓信省技師・山田守が設計した。門司郵便局電話課庁舎、旧NTT門司営業所などに使用された後、1994年に門司電気通信レトロ館としてオープン。建物の外観は、放物線アーチと垂直線を基調とした、「ドイツ表現主義」に通じる手法が用いられており、洗練された大正モダンを今に伝え、門司港地区のレトロ建築群を構成する建物のひとつとなっている。

レトロな門司港地区の風景に溶け込む外観

見学所要時間
約30分

世代や関心分野を超え懐かしい！ 楽しい！

館内に入り、歓声があがるのが歴代の電話機を並べたコーナーだ。グラハム・ベルが作った世界初の電話機をはじめ、明治時代の錦絵で見たような木製の箱型の電話機、懐かしの黒電話、そして90年代から浸透したコードレスホンなどを展示。

携帯電話が普及している今、公衆電話も今となっては貴重な存在かも

世代を超えて、そしてアンティークや骨董品が好きな人も楽しめる。

全国、そして海外に速くて安定した通話を供給してきたのが電話交換機。その内部を見られるのも、NTT西日本の企業博物館ならでは。「トン・ツー」のモールス信号を体験できるコーナーも人気だ。

電話の大量開通全盛期を支えたクロスバ交換機が動態展示されている（非公開エリア）

DATA

門司電気通信レトロ館

福岡県北九州市門司区浜町 4-1
TEL 093-321-1199
9:00 ～ 17:00（入館は 30 分前まで）
〈休〉 月（祝日の場合は翌平日）・年末年始
〈交〉 JR 門司港駅より徒歩 10 分
〈料〉 無料 〈駐〉 あり
〈予約〉 不要（非公開エリアは要予約）

www.ntt-west.co.jp/kitaQ/moji/

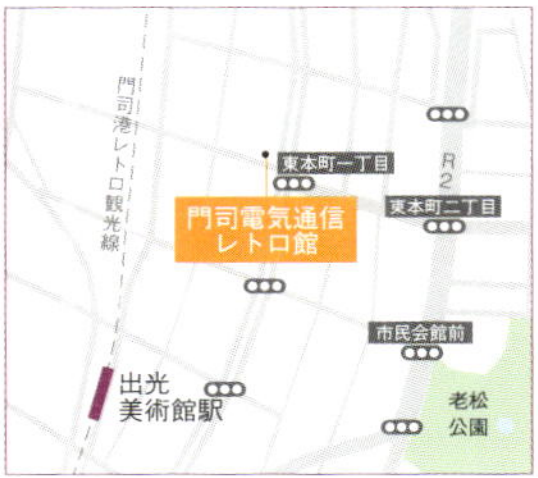

ここが見どころ！

H 型自動交換機はステップ・バイ・ステップ方式。電話機のダイヤルを回し戻るときに発生するダイヤルパルスを順次接続し、相手先の電話につなげる仕組み

交換機が動く様子を見ながら会話を楽しもう

「H 型自動交換機」の動く様子を見ながら会話が楽しめるのは、日本ではここだけ。H 型自動交換機とは大正時代に横浜電話局で初めて設置され、交換手の手を介さずに正確で迅速な接続と通話秘密が保てる交換機。また、レトロな電話「デルビル磁石式電話機」などを使って通話しながら当時花形だった電話交換手の体験もできる。

コア すぎ!

杵《き》築《つき》レトロ館

愛おしい。そして、新しい。レトロな世界に遊ぶ

おもちゃ、雑誌、レコード…。昭和の世界にようこそ

杵築城と共に訪れたい レトロ好きの楽園

１３９４年の築城から６００年以上経った石垣の一部が残り、復元された三層の天守が町のシンボルとして聳える杵築城。城の建つ小高い丘の上は現在城山公園として整備され、人気の観光地となっている。そして、杵築城や城山公園を訪れる人々が立ち寄るのが、城の傍らに建つ「杵築レトロ館」だ。

趣を感じる白壁造りの建物は、元々は米蔵として使われていたもの。館内に足を一歩踏み入れれば、そこはレトロな世界。展示品は全て館長の有田鎮雄さんが20年以上の年月をかけてコレクションしたもの。江戸時代から昭和初期までの骨董品が２０００点以上も並ぶ。

建物自体もレトロ

見学所要時間

約**30**分

懐かしく愛おしい昭和の品々

「これは何だろう？」。若者も興味津々

館内でも特に充実しているのが、昭和時代の生活用品や電化製品、雑誌、おもちゃ、文房具など、戦後から昭和30年代にかけて、人々の生活を彩った物品の展示だ。昭和27年生まれの館長にとって、これらは物心ついた頃から当たり前にあった物。「捨てるのがしのびなくて」と語る館長の愛情がレトロ館には溢れているようだ。

「懐かしい」と目を細める年配の方、新鮮に感じる若者、来館者の反応は年代によって様々。館内には10人掛けのテーブルがあり、初めて会った人同士が談笑する光景も。

見学の合間には、こちらに座って休憩を

DATA

杵築レトロ館

大分県杵築市大字杵築字多門 6-2
TEL 0978-63-5228
10：00 ～ 17：00
〈休〉火・年末年始
〈交〉JR 杵築駅より徒歩 30 分
〈料〉大人500 円、中学生まで 300 円、3 才まで無料（ドリンクサービスあり）
〈駐〉あり〈予約〉不要

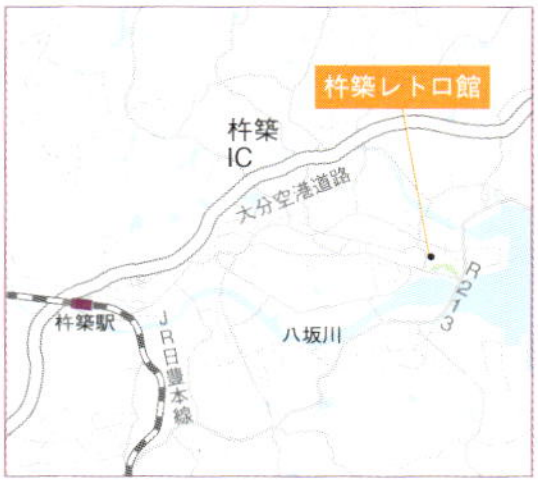

ここが見どころ！

美しく保たれたミニカに館長の愛を感じる

マイカーブームを彩った旧車のデザインに惚れる

昭和 30 年代に始まったマイカーブームまっただ中の 1962 年に販売された三菱自動車「ミニカ」は、有田館長の実家でも乗っていたという思い出深い一台。シンプルでどことなく愛嬌のあるデザインは「懐かしい」「うちでも乗っていた」「カワイイ」と好評だ。町で実施している「城下町杵築タイムスリップ定時ツアー」（要予約）を利用すれば、観光ガイドの案内を聞きながら見学できる。

コアすぎ!

未来は歴史に学べ! 輝けるアンティークが続々

岩下コレクション

岩下さんが半生をかけて集めた名車が並ぶ姿は圧巻（写真はイタリア車コーナー）

来館者を魅了する二輪車の黄金時代

オーナーの岩下洋陽《ひろあき》さんが40年かけて収集した大衆文化財・社会遺産約70万点のうち、約5万点を展示している。館内は、世界のモーターサイクル歴史館、懐かしの昭和レトロ館、ステンドグラス&アンティーク館の3分野に分かれ、所蔵するビンテージバイクは600台以上。かつて存在した国産メーカーや、外国製の名車が並び、世界中からバイクファンが訪れている。「福岡県朝倉郡東峰村という炭鉱町で育った私が初めて強烈な憧れを抱いたのが、映画館に颯爽とフィルムを届けに来るオートバイでした。収集を始めた80年当時はバイクの博物館が日本に無かった時代。一台ずつ集めてここまで来ました」

外観からは分からない収蔵品の多さに驚かされる

見学所要時間
約45分

幻の名車に昭和レトロ愛を感じる空間

展示されたビンテージバイクは200台、ホンダだけで50台もある。世界で一台しか生産されなかったドゥカティ社の大型二輪「アポロ」も必見だ。

また、昭和の街並みを再現した一角「懐かしの昭和レトロ館」には、駄菓子屋や床屋、町工場など、当時の情景を見事に再現した20店舗が並ぶ。

その他、岩下さんと縁のあった高倉健さんが出演した映画のポスターやレコード、直筆の手紙などを展示する一角も。膨大な展示物は一日ではとても見切れず、何度も足を運ぶ人も多い。

当時世界最大を誇った大型二輪車「アポロ」(L型4気筒 1260cc)。評価額は2億円とも

昭和レトロ館。頭上には高倉健さんが主演した映画のポスターが

DATA

岩下コレクション

大分県由布市湯布院町川北 645-6
TEL 0977-28-8900
9:00 ～ 17:00
〈休〉無休
〈交〉JR由布院駅より車で3分、湯布院 IC より車で2分
〈料〉大人 700 円、中高生 500 円、小学生 200 円
〈駐〉あり〈予約〉不要

iwashitacollection.jp/

ここが見どころ!

高さ 4.5 m、幅 2.5 mの巨大なステンドグラス

ダイアナ妃の生家のステンドグラスもアンティークコレクション

岩下コレクションの魅力は、ビンテージバイクのみにあらず。英国製のバーカウンターや家具、アメリカ製の自動ピアノ・オルゴール、明治大正の和ガラス製品やオールドノリタケなど、アンティークの展示にも根強いファンが訪れている。中でも、ダイアナ妃の生家・スペンサー家のステンドグラスは貴重な一品。自然光を通して刻々と表情を変える様子は荘厳の一言だ。

コア
すぎ！

全てのウイスキーファンに捧げる
天領日田洋酒博物館

ニッカウヰスキーの創業当時に使われていたポットスチル（蒸留窯）

ウイスキーがくれた楽しさを分かち合う

館長・高嶋甲子郎《こうしろう》さんが中学1年生の頃から38年間かけて集めたウイスキーの関連グッズ約5万点のうち、館内には3万点を展示する「天領日田洋酒博物館」。〝ウイスキーファンの聖地〟として国内外に知られ、日々多くのファンが集う。「デザインの格好良さに惚れ込んだ若い方から『昔飲んどった』『ムチャクチャ懐かしい！』という年配の方まで、様々な方がいらっしゃいます。中には当時を思い出されて涙される方も。人それぞれにウイスキーの楽しみ方があり、ウイスキーがくれる喜びを分かち合える場所であり続けたい」と高嶋さんは想いを語る。

こちらを目的に来日する外国人旅行者もいるという

見学所要時間

約**40**分

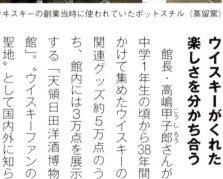

夜はバーに早変わり グラス片手に見学も

ウイスキーが今よりも身近な存在であった昭和時代にちなみ、2011年の4月29日（昭和の日）に開館。館内の展示品は全て撮影可能であることも来館者に喜ばれている。

館内には、バーカウンターが併設され、ウイスキーを飲みながら見学することもできる。樹齢100年の日田杉を贅沢に使ったカウンターを照らすのは、昭和初期に作られたランプ。乳白色の灯りに包まれてゆっくりとウイスキーを楽しむも良し、グラス片手に館内の展示品を眺めるも良し。贅沢な時間が過ぎてゆく。

ジョニーウォーカーやレミーマルタン、貴重なオブジェも多数

雰囲気の良いバーカウンター。今宵はここで一杯

DATA

天領日田洋酒博物館

大分県日田市本庄町 3-4
TEL 0973-28-5266
11：00～17：00（バー 20：30～24：30）
〈休〉水
〈交〉JR 日田駅より徒歩 12 分
〈料〉大人 500 円、小中学生 300 円（ソフトドリンク付）、小学生以下無料〈駐〉あり〈予約〉不要

www.facebook.com/TianLingRiTianYangJiuBoWuGuanba

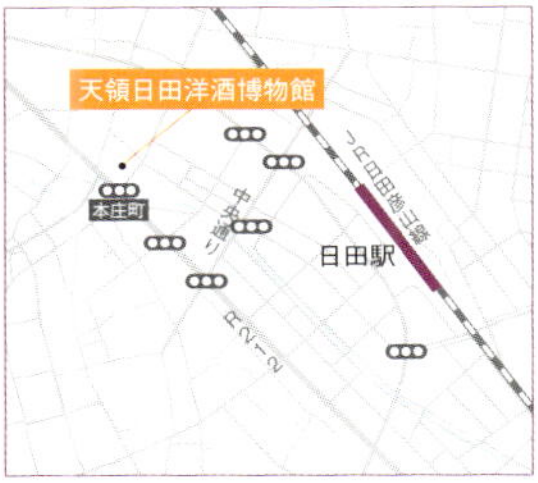

ここが見どころ！

竹鶴氏を“先生”と呼ぶ、高嶋さんの愛が感じられる

国内最大級の品揃え “マッサン”の歩みを辿る

ニッカウヰスキー創業者であり“日本のウイスキーの父”とも呼ばれる竹鶴政孝氏。「マッサンコーナー」には、氏ゆかりの品々や同社の歴史を伝える展示品が所狭しと並ぶ。中には、壽屋（現サントリーホールディングス本社）が 1907 年に発売した「赤玉ポートワイン」のポスターや、1929 年に製造された国産第一号のウイスキーの白札や角瓶など貴重なものも。

コアすぎ!

町田オススメ!

ウナギの皮で描いた絵画!?
マリーンアート館

10号から人の背丈ほどある100号までの作品を展示

ウナギの皮だと
説明を受けないと
わからないほどの
見事な絵に感動!

ヌタウナギの皮を切り貼りして描く

館内に飾られている絵には、どれも美しい海や景勝地が描かれている。驚くことなかれ、これらは地元で獲れる「ヌタウナギ」の皮革で作られているという。海と空の部分のみアクリル絵の具で描いているが、その他の部分はなめしたヌタウナギの皮革をハサミやカッターで細かく切り、貼って作られている。集中力と根気の要る、気の遠くなる作業だ。

マリーンアート館
喫茶コーナーも併設。ドライブの途中で立ち寄る人も多い

見学所要時間
約30分

世界で一つだけのウナギアート

皮をなめしているのは田中嗣道さん、絵を描くのは義妹の岡村智佐子さん。田中さんの父はヌタウナギの皮革で財布やバッグなどの製造を手がけていたという。この技術は日本に昔からあったが、今は牛革に押され廃れてしまい、田中さんがその技術を受け継ぐ数少ない日本人だ。

一見油絵のようだが、油絵ではなかなか出せない色や質感がある

皮はなめして染色すると、つややかで質感のある美しい皮革になる。岡村さんの目にはこれが魅力的な画材と映り、1980年代から制作を続けてきた。その数約60点で、館内では常時20点ほど展示している。絵の題材は地元・島原の景色が中心。世界で一つだけのウナギアート、じっくりご覧あれ。

眼下に広がる青い海。館は高台に建つ

DATA

マリーンアート館

長崎県雲仙市小浜町
富津フィッシュロード 4223-2
TEL 0957-74-3417
10：00 ～ 18：00
〈休〉不定休
〈交〉JR 諫早駅よりバス 50 分
〈料〉無料〈駐〉あり〈予約〉不要

ここが見どころ！

橘湾の穏やかな海

こちらからの絶景もアート！額縁に入れて持ち帰りたい。

絵に描かれているのは地元・島原や長崎の景勝地。岡村さんがそれらの場所にスケッチに訪れ、描いているのだという。中でも最も多いのが、このマリーンアート館から見える景色だ。屋上から展望できる橘湾の風景は、息を呑むほど美しい。絵を見た後、すぐに車に乗り込んではもったいない。時間によって様々な表情を見せる美しい海と空を堪能しよう。

コア すぎ！

昭和の町展示館

足を踏み入れれば、そこは昭和の世界

建物は入母屋造り、正面は漆喰仕上げ。外観に惹かれて訪れる人も

日本人の“生活遺産”とも呼べる展示に見入ってしまう

レトロな魅力に溢れた昭和のテーマパーク

かつて町が最も賑わっていた昭和30年代の町並みを蘇らせようと2001年から始めた「昭和の町」の取り組み（P38も参照）の一環として、昭和時代に活躍した冷蔵庫や洗濯機、テレビ、黒電話など、実際に触れることができる形で展示している。また、昭和に流行したレトロファッションのレンタルも行っているので（1着800円）、好きな衣装に着替えて昭和の町を散策してみてはいかが。

一周回って新しい、レトロなファッションも楽しもう

見学所要時間

約30分

DATA

昭和の町展示館

大分県豊後高田市中央通 691
TEL 0978-25-4161
10：00 ～ 16：00
（土日祝～ 17：00）
〈休〉火、年末（12/30、31）
〈交〉JR 宇佐駅より徒歩 60 分
〈料〉無料〈駐〉なし〈予約〉不要

ここが見どころ！

金庫が今も歴史を伝える堂々たる建物にも注目

重厚な扉にドキドキ

日本の伝統的な建築意匠を纏った建物は、昭和８年に旧大分合同銀行として築造されたもの。実際に使っていた金庫が今も置かれ、触ることもできるので、昭和レトロの世界と共に楽しみたい。

ためになる！博物館

「なるほど～」「知らなかった！」と思わずうなる博物館・資料館。豊かな人生のためのスパイスになること間違いなし！

町田オススメ！

九州の鉄道の歴史を五感で感じる
九州鉄道記念館

九州を駆け巡った1941年製造の「C59 1号」

赤レンガの本館に明治時代の客車

本館（旧九州鉄道本社）は門司港レトロ地区の風景に溶け込む赤レンガの建物で、２００７年に近代化産業遺産、２０１４年には国の登録有形文化財となった。本館内には明治時代から活躍してきた客車の実物を展示。明治時代には畳の座席だったというから驚きだ。2階の常設展示では九州の鉄道の歴史を当時の写真などで紹介。また全国で活躍した蒸気機関車の模型なども展示している。

鉄道ファンのみならず建築ファンも必見

見学所要時間

約**60**分

大がかりな鉄道模型で九州一周の旅を

「九州の鉄道大パノラマ」のショーは1日数回、1回あたり約10分間上映

大人気のコーナーが「九州の鉄道大パノラマ」。九州中の人気列車が走り回る大がかりな鉄道模型だ。博多駅、門司港駅からJR九州を代表する列車が次々と発車する様子を迫力ある映像とナレーションで楽しめる。ショーを行っていない時には運転操作卓からゲージを操作できるほか、パノラマ内に設置されたカメラによって模型の世界へと入り込める。

屋外の車両展示場には九州で活躍した歴代の9車両が並ぶ。また、ミニ鉄道公園ではミニ鉄道車両に乗車することも可能。1日いても飽きないだろう。

ミニ鉄道公園。乗車は1台につき1回300円

DATA

九州鉄道記念館

福岡県北九州市門司区清滝2-3-29
TEL 093-322-1006
9:00～17:00（入館は30分前まで）
〈休〉第2水曜（7月は第2木曜も、8月は無休）
〈交〉JR門司港駅より徒歩3分
〈料〉大人300円、中学生まで150円、4歳未満無料
〈駐〉なし〈予約〉不要

www.k-rhm.jp

ここが見どころ！

本物の運転台は、家庭用ゲーム機やパソコンのゲームでは味わえない魅力

門司港から折尾へ出発進行！ワクワクの運転シミュレーター

「九州の鉄道大パノラマ」と並びこちらも大人気。本物の811系近郊型電車の運転台を使用した運転シミュレーターだ。前方には門司港～折尾間の実際の路線風景が映し出され、運転を疑似体験できる。車掌のアナウンスが流れたら運転手気分で出発進行!! 子どもは目を輝かせ、大人もワクワクするひと時になるだろう。（1回100円2区間）

ため
になる!

知られざる税関のヒミツ

門司税関広報展示室

赤レンガ造りの堂々たる外観が目印。北九州市によって修復され往時の姿を取り戻した

国民生活の平穏を守る税関の仕事を紹介

貿易は日本の産業を発展させ、生活をより豊かなものにする大きな活力となる一方で、不正な輸出入が行われれば社会や経済を乱す一因ともなりうる。そうした不正な輸出入を防ぐ〝最後の砦〟として重要な役割を果たしているのが税関だ。「門司税関広報展示室」は、税関の役割や重要性を伝えるため、1995年に開館した施設。ここを訪れたらまずは建物にも注目したい。こちらは明治45年(1912)から昭和2年(1927)まで門司税関の2代目庁舎として実際に利用されていた建物。門司港に建ち並ぶ歴史的な建造物の中でも数少ない、赤レンガ造りの外観が目を引く。

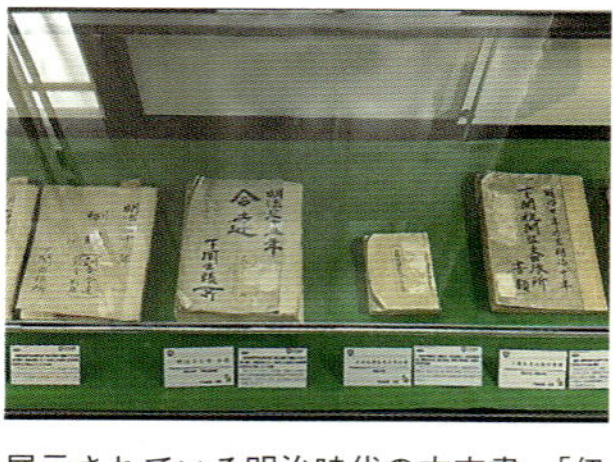
展示されている明治時代の古文書。「伊藤内務卿」(伊藤博文)、「大隈大蔵卿」(大隈重信)といった偉人の名も見られる

見学所要時間
約20分

分かりやすい実物展示が充実

館内ではパネルや実物、模型などにより、税関業務について分かりやすく紹介している。中でも多くの来館者が足を止める人気の展示が、門司税関で差し止めたコピー商品（知的財産侵害物品）の実物を展示するコーナーだ。本物そっくりに作られた有名ブランドや近年話題となった商品が並び、その精巧さに皆一様に驚きの表情を浮かべる。また、過去にあった麻薬・覚醒剤などの密輸手口を紹介する展示では、不正薬物の流入を水際で食い止めている税関業務の重要性を感じられるだろう。

不正薬物を持ち込む、巧妙な手口の数々

子どもたちに大人気！麻薬探知犬をモデルにしたイメージキャラクター「カスタム君」の初代着ぐるみ

DATA

門司税関広報展示室

福岡県北九州市門司区東港町 1-24
旧門司税関内
9：00 ～ 17：00
〈休〉無休
〈交〉JR 門司港駅より徒歩５分
〈料〉無料〈駐〉なし〈予約〉不要

www.customs.go.jp/moji/

ここが見どころ！

ややグロテスクなワニ革のバッグはインパクト十分

滅多に見られない
ワシントン条約該当物品の実物展示

生きている動植物やそれを使った製品・加工品の中には、ワシントン条約（絶滅のおそれのある野生動植物を保護する条約）によって、国内への持ち込みが規制されているものも少なくない。展示されているのは、象牙製品、トラの敷物、メガネカイマン（ワニの仲間）のはく製など、計 42 点。中には、ワニの頭部や足を残して加工されたワニ革のバッグなども。

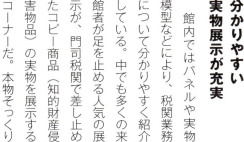

当時工場で使われていた道具の実物も展示。ミシンは明治27年（1894年）から導入された

久留米を代表する企業「ムーンスター」を知る
つきほし歴史館

足袋から靴へ 履物の進化を見る

「つき」と「ほし」、英語に直せば「ムーンスター」。そう、こちらは明治6年（1873）福岡県久留米市にて「つちやたび店」として創業した株式会社ムーンスターの歴史を紹介した博物館。開館は創立120周年を迎えた1993年。その後、創立130年を迎えた際に、かつて皇族が会社を視察に訪れた際の休息用に建てられた「記念館」（1926年築造）内に移転された。足袋から靴へ、日本人の生活の変化を履物の進化の歴史を通じて学ぶことができる。館内には、ファッション好きにはお馴染みのスニーカーも展示されているので、お洒落やデザインに関心のある方も訪れてみてほしい。

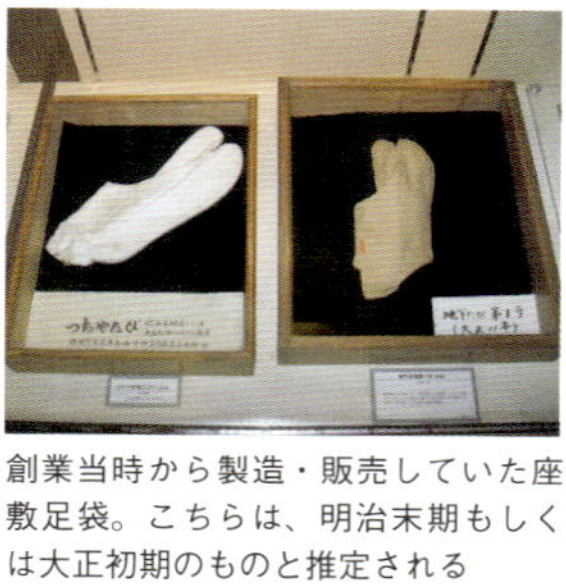

創業当時から製造・販売していた座敷足袋。こちらは、明治末期もしくは大正初期のものと推定される

見学所要時間
約20分

魅力的な お馴染みの名作も展示

主な収蔵資料は、足袋や靴づくりに関わる道具、ミシン、看板、ポスターなど。ポスターで一番古いものは大正初期のもので、時代ごとにポスターのデザインが移り変わっていくのも興味深い。また、現在はスニーカーのイメージの強いムーンスターだが、登山靴や野球・サッカー競技用のスパイク、南極観測隊に寄贈した特殊防寒靴など過去に作られた製品も見ることができる。

ポスターは年代順に15点を展示

館内にはムーンスターの製品だけでなく、世界各国の履物を紹介するコーナーも。外国の靴を眺めていると、履物文化の違いが見えてくるだろう。

また、日本を代表する彫刻家高村光太郎氏による創業者胸像など貴重な史料も展示している。

過去に発売された商品。上下共に1970年に製造されたもの

DATA

つきほし歴史館

福岡県久留米市白山町60
株式会社ムーンスター本社敷地内
TEL 0942-30-1111
10:00～17:00（12:00～12:45休）
〈休〉12/30～1/3・8/13～8/15
〈交〉JR久留米駅より徒歩10分、西鉄バス荘島より徒歩5分
〈料〉無料〈駐〉なし〈予約〉不要

www.moonstar.co.jp/history/

ここが見どころ！

この像を製作中に高村光太郎は亡くなり、これが遺作となった

ムーンスターの創業者の功績を伝える

入口に設置されたムーンスター創業者・倉田雲平氏の胸像は、詩人・彫刻家としても著名な高村光太郎の手によるもの。衣服の縫製職人であった倉田氏が足袋の将来性を感じ取り久留米で製造を始めたのがムーンスターの前身「つちやたび店」である。打ち出の小槌をシンボルとした「御誂向御好次第《おあつらえむきおこのみしだい》」という看板は創業当時に掲げていた貴重なものだ。

ためになる!

巨大な展示物にワクワク
白島《しらしま》展示館

響灘の大海原を望む白島展示館。基地が完成した翌年の1997年に開館した

知ろう、学ぼう
世界最大の洋上基地

男島と女島、併せて通称〝白島〟。福岡県北九州市・響灘の沖合7㎞にあるこの島は、全国に10ある国家石油備蓄基地の一つだ。特筆すべきは、世界でも2カ所しかない洋上備蓄基地であること(もう一つは長崎県・上五島)。ヤフオクドームの8・5倍、60 haの敷地面積に475万㎘の石油を備蓄している。

そんな白島国家石油備蓄基地の役割について広く伝えたいと、臨場感ある擬似体験ができる施設として誕生したのが「白島展示館」だ。エネルギー自給率が低く、その大半を石油に頼っている日本における石油備蓄の意義や基地の働きについて、分かりやすく知ることができる。

ビルの5階に相当する高さの展望室。晴れた日は白島国家石油備蓄基地を望むことができる

見学所要時間
約**30**分

大人から子どもまで分かりやすく学べる

館内1階は石油の採掘や精製、輸送方法など、石油に関する基礎知識をゲーム感覚で楽しく学べる。また、基地を再現した大型のジオラマがあり、ボタンを押すと音声解説と共にジオラマ自体が稼働。備蓄基地の設備や機能、万全な安全対策などを紹介している。2階は180インチの大スクリーンを備えた映像ホールとなっており、石油産出国の政情や複雑な世界情勢における日本のエネルギー事情について解説してくれる。そして、3階は抜群の眺望を誇る展望室に。ゆったりと大海原を眺めて休憩することができる。

白島基地を精巧に再現したジオラマは、子どもにも人気の展示

大きなスクリーンにまるで気分は映画館

DATA

白島展示館

福岡県北九州市若松区響町 1-108
TEL 093-752-1460
10:00 ～ 16:00（入館は30分前まで）
〈休〉 月・第４火曜（祝日の場合は開館）・年末年始
〈交〉 JR 若松駅より車で 16 分
〈料〉 無料 〈駐〉 あり 〈予約〉 不要

shirashima.co.jp/museum/

ここが見どころ！

その大きさに歓声があがる屋外展示も見逃せない

実物ならではの迫力！ 巨大な屋外展示

こちらの展示は館内のみにとどまらない。屋外には実際に基地内で使われている巨大な設備の大きさを体感できる展示が並んでいる。海上に浮かぶ石油貯蔵船は長さ 397m、幅 82m、高さ 25.4m。敷地内にはその一部分を再現したカットモデルを展示。一部とはいえその鉄の厚みや大きさには圧倒されるだろう。他にも、重さ 64t もある日本最大の消波ブロックなども見ることができる。

ためになる!

今までも、この先も。日本の海を守り続ける

海上自衛隊佐世保史料館

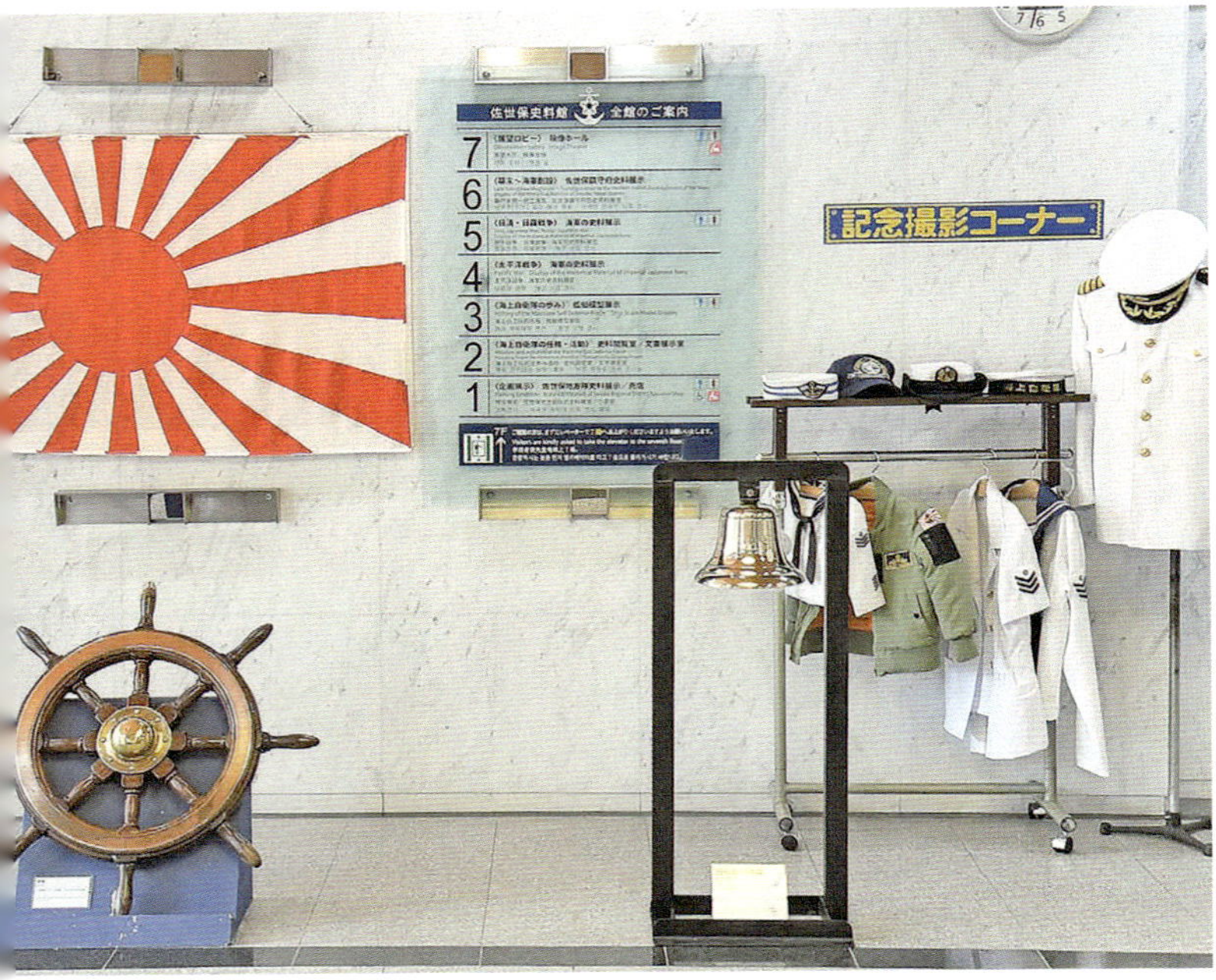

7階建てのビル、全てが史料館。制服を着て記念撮影もできる

“軍港の町”佐世保で海防の重要性を体感

明治38年（1905）、世界中が到底勝ち目はないと考えていた日本海軍と大国ロシア擁するバルチック艦隊が激突。司令長官・東郷平八郎の下、日本海軍は見事勝利を果たした。“軍港の街”佐世保にあるこちらの史料館は、そんな日本海軍の歴史や海上自衛隊への理解の促進、海上防衛の重要性について広く伝えるため、1997年に開館した施設。館内に入ったら、まずは最上階の7階へ直行するのがおすすめ。街を一望できる景色を楽しもう。その後、7階から下りながら見学をすることで、海軍から海上自衛隊の展示へと時系列順に学べるように構成されている。

史料館外観

見学所要時間

約60分

名将の書の実物や精巧な模型も

明治中期頃から日本海軍が躍進していく過程を分かりやすく展示

海軍にまつわる展示では、山本五十六が座右の銘とした「常在戦場」と大書した書をはじめ、著名な海軍将校の直筆の書を見ることができる。また海上自衛隊のコーナーでは、護衛艦に関する展示も。イージス艦「こんごう」や補給艦、ミサイル艇といった船ごとの違いを、実際の百分の一に縮小した模型を使って学ぶことができる。

海上自衛隊の保有する護衛艦を 100 分の 1 のスケールで細部まで精巧に再現した模型

見学を終えたら1階の売店にも立ち寄ろう。海軍カレーや菓子類、帽子にTシャツにタオルなど、ここでしか買えないグッズが並んでいる。

DATA

海上自衛隊佐世保史料館

長崎県佐世保市上町 8-1
TEL 0956-22-3040
9:30 ～ 17:00（入館は 30 分前まで）
〈休〉第 3 木曜・年末年始（12/28 ～ 1/4）
〈交〉JR 佐世保駅よりバス 10 分
〈料〉無料〈駐〉あり〈予約〉不要※

www.mod.go.jp/msdf/sasebo/5_museum/

※バス駐車場利用の場合は必要

ここが見どころ！

侮ることなかれ。本格的な操船体験ができる

気分はキャプテン !! 佐世保湾から無事出港できるか？

来館者の年齢や性別を問わず人気が高いのが、護衛艦を実際に操縦している気分を味わえる「操船シミュレーター」。佐世保湾内の浅瀬や岩礁などまで、とことんリアルに再現。海上自衛隊員が驚くほどの完成度を誇る。「初めての方には少し難易度が高いかもしれませんが、船の動きや操船技術を体感する貴重な機会となったら嬉しいです」とスタッフ。

ためになる!

北九州の繁栄の歴史と、人々の暮らしに触れる
わかちく史料館

足元のジオラマは明治30年代、八幡製鉄所の誘致が決まり洞海湾の開発が始まった頃の様子

大事業への挑戦と洞海湾の歴史を紹介

かつて日本一の石炭積出港として、北九州工業地帯の礎を築いた若松港。その繁栄の裏には、洞海湾に大型船が停泊できる巨大な港を造り上げるという大事業があった。こちらの「わかちく史料館」は、明治23年（1890）に創業し、洞海湾の港湾整備や運営管理を一手に担った若松築港会社（現・若築建設株式会社）が1997年に開設したもの。同社の軌跡を辿りながら、洞海湾開発の歴史や石炭景気に沸いた当時の人々の暮らしを写真、映像、模型などで紹介。明治23年（1890）に福岡県から発行された湾内工事の命令書をはじめ、ここでしか見られない史料を数多く展示している。

若築建設株式会社本店内の3階に史料館がある

見学所要時間
約30分

洞海湾と沿岸の町の繁栄を辿ろう

館を訪れたら、まずは洞海湾の成り立ちを紹介する3分ほどの映像を大型プロジェクターで見てみよう。洞海湾の開発の歴史を頭に入れておくことで、その後に見る展示がより分かりやすくなるだろう。

活気で賑わう北九州の様子をパネルで展示

館内の展示では、洞海湾開発の歴史と共に、当時の生き生きとした町の風景を紹介。また明治26年から39年にかけて、同社の相談役を務めていた渋沢栄一に関する資料も見ることができる。館内をめぐりながら、若松一帯が空前の活気に溢れた時代に想いを馳せてみてはいかがだろう。

土木工事に関する基礎知識をクイズ形式で学べる端末。3択クイズで土木について学ぼう

DATA

わかちく史料館

福岡県北九州市若松区浜町 1-4-7
TEL 093-752-1707
10：00 ～ 16：00
〈休〉 月・祝祭日・年末年始
〈交〉 若松渡場より徒歩約5分、JR 若松駅より徒歩 15 分
〈料〉 無料 〈駐〉 あり 〈予約〉 不要

www.wakachiku.co.jp/shiryo/top.htm

ここが見どころ！

九州の後、関東、東北、北陸、北海道へと、同社の繁栄を支えた第三洞海丸

明治時代後期から 60 年余にわたり活躍した浚渫《しゅんせつ》船「第三洞海丸」

明治 32 年から昭和 42 年にかけての、洞海湾が最も賑わった時代に活躍した浚渫船だ。こちらでは同船の仕組みが良くわかる精密な模型の他、イギリスから購入した際の船の図面なども展示している。全て手描きで細部まで見事に精密に描かれていた図面に感嘆の声を上げる来館者も多く、いつまでも図面を見つめて離れない人もいるのだとか。

ためになる!

元寇の古戦場から平和を伝える
日蓮聖人銅像護《ご》持《じ》教会
元寇史料館

さまざまな元寇の史料が展示され、なかには日本軍・元軍双方の武具などの違いを比較できるものも

のどかな公園は、かつて戦場だった

鎌倉時代中期に元（モンゴル帝国）と高麗（朝鮮）が二度にわたり北部九州に攻め込んだ「元寇」。戦場となった場所の一つに、当時は博多湾岸だった福岡市博多区の東公園がある。その一角に佇む日蓮聖人銅像護持教会の敷地内に、昭和61年に開設されたのがこちら。通常閉館しているため、お寺の方に声をかけて入館しよう。展示は館内の2階部分。大きく2つの展示に分かれており、多方面から元寇について学べる「元寇記念室」がメイン。室内を囲むように史料が展示され、大帝国の襲来という日本の一大事件の緊張が伝わってくるようだ。

敷地内には蒙古襲来を予言した日蓮聖人の銅像が建つ

見学所要時間
約30分

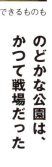

武具から博多人形まで 多彩な元寇史料

元寇の史料は多岐にわたり、日本軍・元軍の武具、嵐の海や戦の様子を伝える絵画など幅広い。特に明治の洋画家・矢田一嘯《いっしょう》が描いた「元寇戦闘絵図」は、アメリカで学んだパノラマ画法を用いており、嵐に飲まれる元軍や地上戦の様子が、まるで映画のワンシーンのような迫力でその凄惨さを物語っている。館内手前には、日本の伝統的な刀剣や火縄銃といった武具をまとめた「武具の歴史」、日蓮宗に関わる博多人形や日本画を紹介する「日蓮宗史」などのコーナーが設けられている。

パノラマ画法でダイナミックに描かれた「元寇戦闘絵図」

元寇や日蓮上人をモチーフにした博多人形の作品は、現代の人形師たちも見学に訪れるほど貴重

DATA

日蓮聖人銅像護持教会
元寇史料館

福岡県福岡市博多区東公園 7-11
TEL 092-651-1259
10:00～16:00（入館は 30 分前まで）
〈休〉電話にて要問合せ
〈交〉JR 吉塚駅、地下鉄馬出九大病院前より徒歩 3 分
〈料〉一般 300 円、小中学生 200 円
〈駐〉あり〈予約〉必要

ここが見どころ！

鎧には鮮やかな龍や唐草模様が描かれており、デザイン性も高い。攻撃や撤退の合図に使う銅鑼《どら》など、当時の日本軍にはなかったものも

元軍が着用した鎧がそのままの姿で！

こちらには日本軍の史料だけでなく元軍が実際に着用していた軽装の鎧や兜も合わせて展示されており、約 800 年前のものとは思えないほど、ほぼ原形のまま保存されている。鎧は動物の硬い皮で作られ、裏面全体には鉄板が隙間なくあてがわれるなど、モンゴル型の特徴が見てとれる。デザインや色使いなど、日本製との違いを見比べてみよう。

2階展示室は「昔のくすり」がテーマ。くすりの歴史について分り易く展示している

くすり産業の歴史を知り、健康に役立てる

中冨記念くすり博物館

佐賀県に伝わる くすりの文化を後世に

佐賀県の製薬業の歴史は遡ること江戸時代、対馬藩田代《たじろ》領であった佐賀県鳥栖市東部と基山町の一帯に、くすりを客の家に預けて販売する配置売薬業が興ったことにはじまる。「田代売薬」は富山・大和（奈良）・近江（滋賀）とならび〝日本四大売薬〟と呼ばれ、今や製薬業は県の主力産業となっている。田代売薬に関する歴史が忘れ去られてゆくことを惜しんだ久光製薬株式会社が、くすりに関する産業文化を後世に伝え、これからのくすりと健康について考える生涯学習の場として1995年に開館したのが「中冨記念くすり博物館」だ（2010年より公益財団法人として運営）。

イタリアの現代彫刻家チェッコ・ボナノッテ氏の手による、石とガラスを基調にした建物

見学所要時間

約**60**分

光が差し込む、開放的な館内

展示を見た後は薬木薬草園を巡ろう

館内には佐賀県重要有形民俗文化財である田代売薬の製薬・行商資料をはじめ、約100種の珍重な生薬の展示している。約10分の映像コーナーを見れば、佐賀県の製薬業の歴史についてより深く理解できるだろう。また、錠剤や丸薬、粉末などの薬の特徴をはじめ、知っているようで知らないくすりの豆知識を学べるのも嬉しい。こちらを訪れたら、屋外の薬木薬草園を訪れるのも忘れずに。約800坪の緑豊かな園内に約350種の薬用植物が植えられ、四季折々の風情を楽しめる。

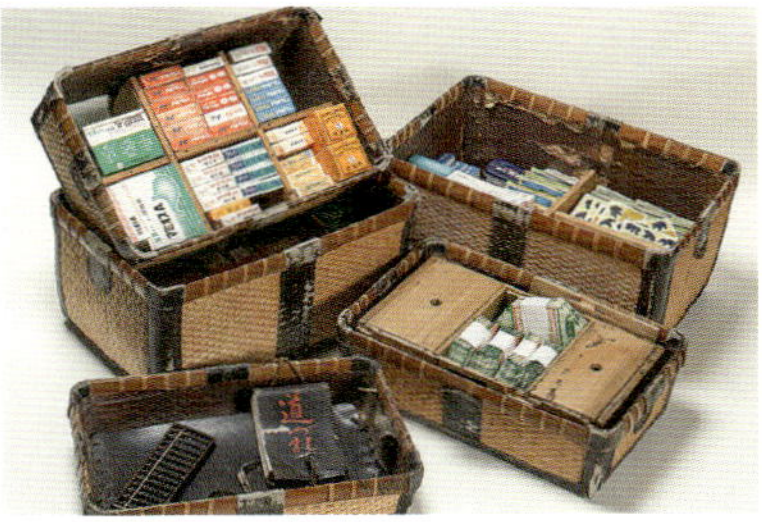
薬の行商に用いられた柳行李

DATA

中冨記念くすり博物館

佐賀県鳥栖市神辺町288-1
TEL 0942-84-3334
10:00～17:00（入館は30分前まで）
〈休〉月（祝日の場合は翌日）、年末年始
〈交〉JR鳥栖駅より車7分
〈料〉大人300円、高・大200円、小・中100円〈駐〉あり〈予約〉不要

nakatomi-museum.or.jp

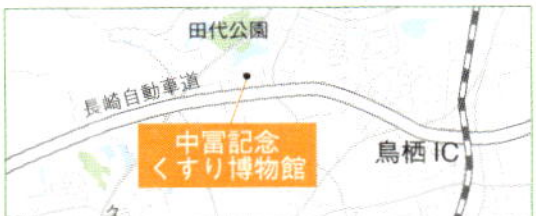

ここが見どころ！

店内の什器や薬瓶のデザインにも注目

まるでハリー・ポッターの世界 19世紀のロンドンの薬局を移設

館内で一際目を引くのが、19世紀末のロンドンにあった薬局を移設展示した「アルバン・アトキン薬局」。当時使用していた薬瓶やレジ、くすりの調合に用いていた道具や、薬局で販売していた歯ブラシなどの日用雑貨など、約2万点を展示している。百数十年前のデザインとはいえ、今見ても洗練された印象を受ける。細部までじっくり眺めて、異国情緒に浸ってはいかがだろう。

出島和蘭《オランダ》商館跡

出島の中を実際に歩こう!

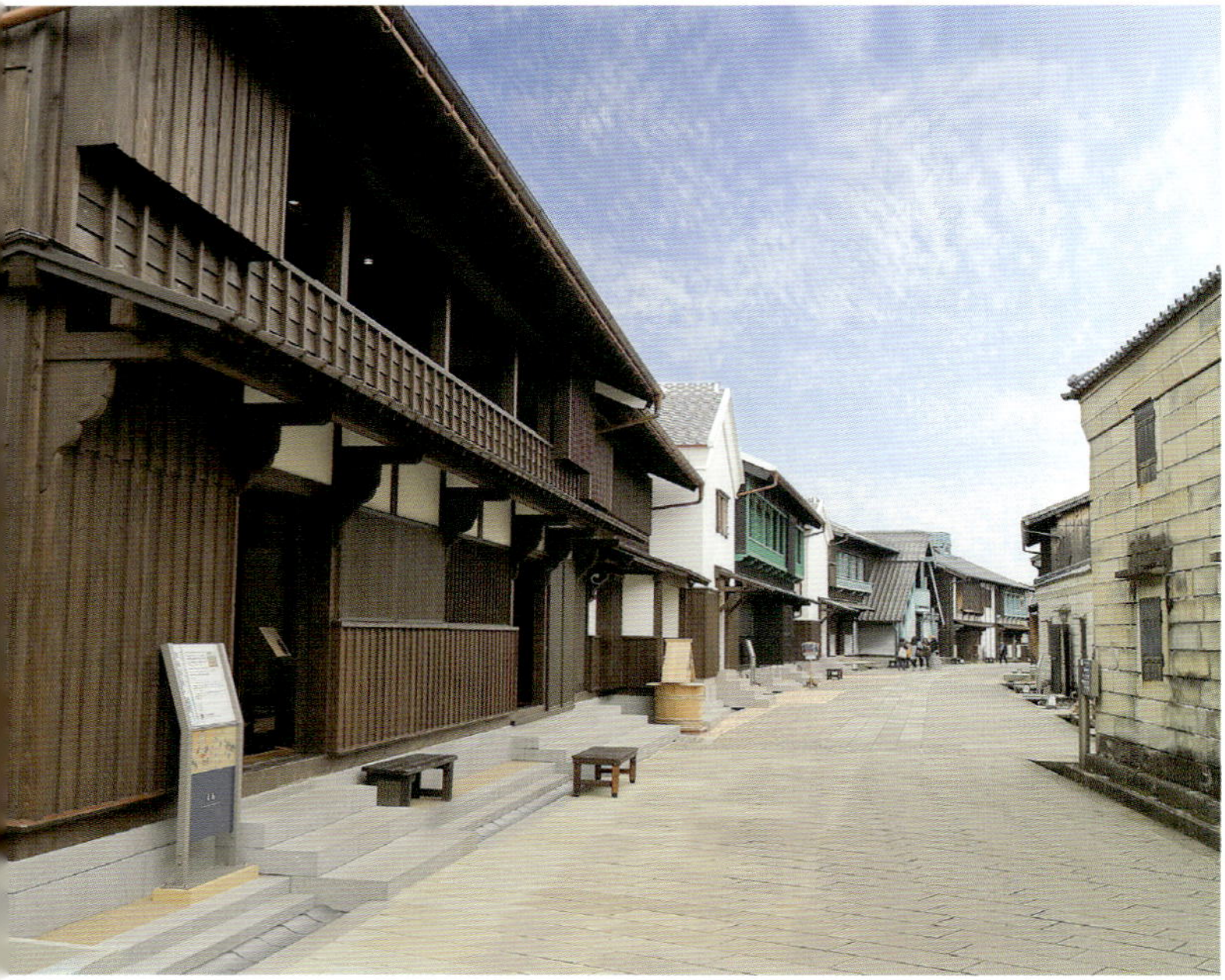

史料を元に出島の町並みを再現。200年前に思いを馳せながら、歩きたい

小さなこの島には世界が溢れていた

江戸時代、鎖国下の日本において、約200年間にわたり、ヨーロッパとの唯一の玄関口であった長崎・出島。島内には外国の商館が建ち並び、およそ15000㎡のこの小さな島を通じて、日本は海外の文物に触れ、当時の先進的な文化を取り入れてきた。

現在は埋め立てによって陸続きになってしまっているが、長崎市では江戸時代後期（19世紀初頭）の出島の様子を復元する取り組みが進行中。ここ「出島和蘭商館跡」は、16棟の建物が復元され、内部を見学できるようになっている。幕末、坂本龍馬率いる海援隊との取引が行われた石倉や明治

現在の出島。2017年には表門橋が建造され、再び橋を渡って出島に入れるようになった

見学所要時間

約**60**分

時代に建てられた洋館など、歴史好きにはたまらない観光スポットだ。

売店にレストラン 美しい洋館で一休み

島内の16棟の建物は、船が出入りする水門や、輸入品である砂糖や蘇木（染料）が収められていた蔵、商館員たちの食事を作っていた料理部屋など、いずれもじっくりと見学したいものばかり。現存する日本最古のプロテスタントの神学校・旧出島神学校の美しい姿にもぜひ注目してほしい。建物内には売店や休憩所もあるので、歩き疲れたらこちらで休憩しよう。また、明治36年（1903）に外国人との社交の場として建てられた旧長崎内外クラブは1階がレストランになっている。

明治11年（1878）に建てられた旧出島神学校

旧長崎内外クラブの2階では居留地時代の歴史を紹介している

DATA

出島和蘭商館跡

長崎県長崎市出島町6-1
TEL 095-821-7200
8:00～21:00（入館は20分前まで）
〈休〉無休
〈交〉路面電車出島電停より徒歩1分
〈料〉一般520円、高校生200円、小中学生100円
〈駐〉なし〈予約〉不要

nagasakidejima.jp

ここが見どころ！

畳敷きの上に設えられた豪華な洋間が目を引く

最も大きな「カピタン部屋」豪華な設えにも注目

建物の中で一際大きいのが、日本の賓客が出島を訪れた際の迎賓館として使われた、出島商館長（カピタン）の住居兼事務所だ。1階は出島の生活や歴史に関する展示が、2階はカピタンの生活の様子を再現した展示を行っている。中でも広さ35畳の大広間は、応接や饗応の場として重要な役割を果たした。クリスマスの日に行われた「阿蘭陀冬至」の祝宴風景を再現した展示も必見だ。

趣向を凝らした展示で、火山や地層について学ぼう
雲仙岳災害記念館 がまだすドーム

雲仙岳を火砕流や土石流が流れる様子をプロジェクションマッピングで一望できる

何度でも訪れたくなる博物館を目指して

1990年11月17日、198年ぶりに噴火活動を再開した雲仙・普賢岳。度重なる火砕流や土石流により、死者44名、建物被害2511棟（うち住家は1399棟）を含む、甚大な被害をもたらした。火山や噴火に関する情報を広く伝え、防災意識の向上を図るため、2002年に全国初の火山体験ミュージアムとして開館したのが「がまだすドーム」の愛称で呼ばれる「雲仙岳災害記念館」だ。2018年のリニューアルでは、興味深く学べて体験できる博物館を目指した。「次世代を担う小さなお子さんが何度でも訪れたくなる、押し付けるのではなく進んで学びたくなる施設でありたい」と担当者は話す。

上空から見た博物館。向こうには平成新山がそびえる

見学所要時間
約60分

緊急時に役立つ知識を学べる

被災したカメラやバイクなどの実物を用いながら火砕流が焼き尽くした被災地の状況を再現した一角や、時速100㎞で流れる火砕流のスピードを映像と光の演出によって学べる展示など、噴火の恐ろしさを五感で伝えている。また、2018年に新設された「こどもジオパーク」では地球や雲仙の魅力を体験を通じて学ぶ展示が充実。雲仙火山が作り出した地層に見立てた崖を登るクライミングや、乳幼児向けにおもちゃや絵本を並べたコーナーも。館内にはカフェ・ショップも備え、ゆっくりくつろぐこともできる。

トランポリンで遊びながら、平成新山の頂上からの風景を見られる「ジオマウンテン」

タッチパネルを使ったクイズで地球について学ぼう

DATA

雲仙岳災害記念館 がまだすドーム

長崎県島原市平成町 1-1
TEL 0957-65-5555
9:00 ～ 18:00（入館は 1 時間前まで）
〈休〉無休（メンテナンス休館あり）
〈交〉島原鉄道島原駅より車で 15 分、島原港より車で 10 分
〈料〉大人 1,000 円、こどもジオパーク 300 円 〈駐〉あり 〈予約〉不要

www.udmh.or.jp

ここが見どころ！

高精細な映像に、空中散歩をしているような気分を味わえる

気分はまるで空中散歩 人気の「雲仙岳スカイウォーク」

雲仙岳周辺をドローンで撮影した映像が足元に広がる「雲仙岳スカイウォーク」。山頂の様子はもちろんのこと、平成新山で見られる溶岩ドームや、火砕流で被災した旧大野木場小学校、遠隔操作した重機を使い土石流の流れる道を整備している立ち入り禁止区域内の様子など、ここでしか見られない上空からの映像を見ることができる。映像は５種類。せっかくだから全て見ておきたい。

長崎から日本の未来を見つめた 三菱重工 長崎造船所史料館

人の背丈を超える工作機械が並ぶ様子は圧巻

世界遺産に登録された建物も見どころ

明治17年(1884)の創業以来、百数十年に亘り日本の造船業を支えてきた三菱重工業株式会社。こちらの史料館は、三菱重工の長崎造船所が日本の近代化に果たしてきた役割を永く後世に残すべく昭和60年(1985)に開設された。赤レンガ造りの建物は明治31年(1898)、造船所敷地内の鋳物《いもの》工場に併設された木型場《きがたば》として建てられたもの。第二次世界大戦中の空襲における至近弾や原子爆弾の爆風にも耐え、120年余りの風雪に磨かれたこの建物は、2015年に「明治日本の産業革命遺産」の構成施設の一つとして世界遺産に登録されている。館内の展示だけでなく、建物にも注目したい。

史料館の建物は、長崎造船所内に現存する最も古い建物

見学所要時間

約90分

ものづくりの魂は今なお輝き続ける

館内は13のコーナーに分かれ、安政4年（1857）に長崎鎔鉄所として設立されてから今日に至るまでの歴史を伝える実物機械や写真900点余りを展示している。中には、江戸時代末期に使用された海底調査用潜水器具「泳《えい》気《き》鐘《しょう》」、国指定重要文化財に指定されている日本最古の工作機械「竪削盤」、国産第1号陸用蒸気タービン、戦艦大和の同型艦「武蔵」の建造器具など貴重な展示も数多い。巨大な展示物からは日本の産業化・近代化の歴史の重みが伝わってくるようだ。

近代歴史資料では日本で初めて重要文化財に指定された「竪削盤」

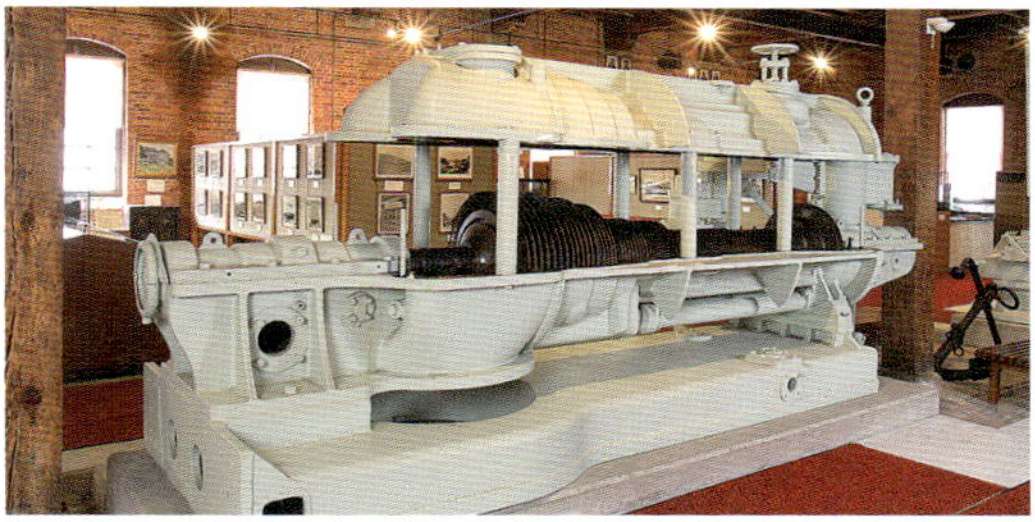
日本人の手で初めて造られた陸用蒸気タービン

DATA

三菱重工 長崎造船所史料館

長崎県長崎市飽の浦町 1-1
TEL 095-828-4134
9：00 ～ 16：30
〈休〉第２土曜、12/29 ～ 1/4、長崎造船所一斉停電日（年２回）
〈交〉JR 長崎駅より専用シャトルバス 15 分
〈料〉高校生以上800円、小中学生400円、未就学児無料〈駐〉あり〈予約〉必要

www.mhi.com/jp/expertise/museum/nagasaki/

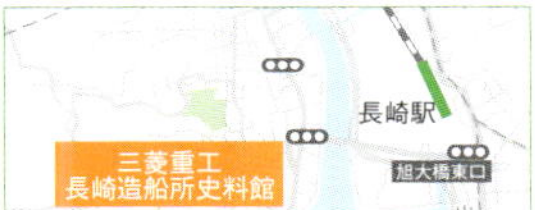

ここが見どころ！

コンマ 1mm の差を追求し続けた職人。加工によって生まれた表面の模様が美しい

巨大なプロペラに込められた精妙な職人技に驚く

2018 年秋に新設された「プロペラコーナー」に展示されている、高さ 2m を超える鉄板。これは長崎造船所で南極観測船２代目「しらせ」を建造する際に製作された試験用プロペラ。鋳造した鉄の塊を、職人の手で削って仕上げる、その精密な職人技に驚かされることだろう。製造工程を模型でも紹介しているので、併せて見ておきたい。

立花家史料館

大名家の栄華を伝える至宝を間近に

立花宗茂をはじめ、歴代藩主が愛用した甲冑が並ぶコーナーも必見

知る人ぞ知る名将・立花宗茂

戦国大名、立花宗茂。この名前を聞いて、すぐにピンと来る人はよほどの戦国ファンに違いない。小田原征伐の際には秀吉自ら「東の本多忠勝、西の立花宗茂、東西無双」と激賞し、朝鮮出兵においてもその勇猛さで名を轟かせた、知る人ぞ知る名将である。

関ヶ原の戦いにて秀吉恩顧の臣として西軍に与した宗茂は、その後改易されて牢人に。一時は家臣を連れての流浪の身となるが、元和6年（1620）には旧領を取り戻す。関ヶ原に西軍として参戦し、その後改易の憂き目をみた武将の中で、復領を果たしたのは宗茂ただ一人である。

江戸時代、立花家の邸宅があった地に建つ

見学所要時間

約**50**分

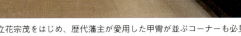

名刀「雷切丸」をはじめ数々の大名道具を展示

立花家の子孫が代々受け継いできた大名道具を公開しているのが「立花家史料館」だ。家伝の文書、武具甲冑、茶道具、書画等約５０００点の大名道具と近代伯爵家資料を収蔵し、中には雷を斬ったという逸話の残る脇差「雷切丸」（千鳥）といった、刀剣ファンにはたまらない名品も。常設展示ではないため、機会があれば見逃さないようにしたい。

義父の道雪から譲り受けた「雷切丸」。優美ささえ感じる佇まいだ

伯爵邸内の庭園「松濤園」はゆっくりと時が流れる

また、明治時代に伯爵となった立花家の邸宅は、瀟洒《しょうしゃ》な「西洋館」、格調高い和館「大広間」、常緑の松が美しい庭園「松濤園」を公開している。

DATA

立花家史料館

福岡県柳川市新外町１
TEL 0944-77-7888
9:00 ～ 18:00（入館は 30 分前まで）
〈休〉展示替期間中（HP 参照）
〈交〉西鉄柳川駅より車で 15 分、JR 船小屋駅より車で35 分
〈料〉［立花氏庭園］一般 700 円、高校生 400 円、小中学生 300 円
〈駐〉あり〈予約〉不要

www.tachibana-museum.jp

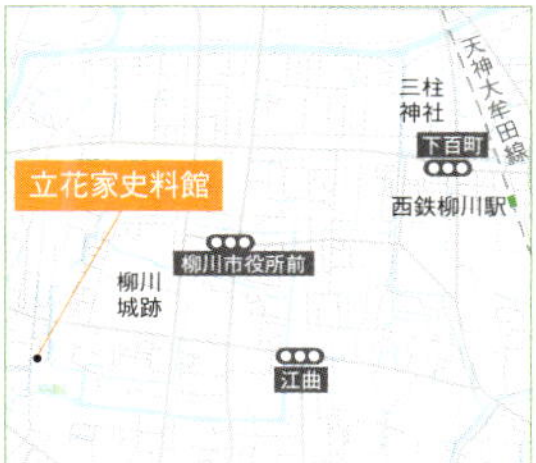

ここが見どころ！

兜の脇立てには「月輪」がデザインされている

戦場に共に臨んだ相棒 宗茂愛用の甲冑

どちらも桃山時代の作となる、宗茂愛用の甲冑「鉄皺革包月輪《てつしぼかわつつみがちりん》文《もん》最上《もがみ》胴具足《どうぐそく》」（左）、「伊予札縫延栗色革包仏丸胴具足《いよざねぬいのべくりいろかわつつみほとけまるどうぐそく》」（右）はどちらか一方は必ず常時展示されている。前者は地鉄が厚く、重量が 12kg と非常に重い。宗茂は、当時としてはずいぶん体格の良い人物だったようだ。また、後者は胴革の栗色、草摺《くさずり》の朱漆、佩楯《はいだて》の銀箔という色彩の調和が美しい。

ためになる！

大橋松雄農業機械歴史館

迫力満点！農業機械が200台以上

展示されている機械の大半は今も動くというのだから驚きだ

戦前に開発された初期の耕転機

「歩く農業」から「乗る農業」へ。こちらは普通型大型コンバイン

見学所要時間 約40分

九州の農業を支えた農機具の数々

トラクタ、田植機、コンバイン…、農業機械による一貫作業が当たり前となった現代。その陰には重労働である農業の負担を少しでも軽くしたいと、農業機械の開発に心血を注いだ先人たちの挑戦の歴史があった。こちらは、元・福岡クボタ会長の大橋松雄氏が開発と普及に取り組んだ農機具の歴史を一望できる博物館。農業機械約220台をはじめ、農具など計550点を展示している。

DATA

大橋松雄農業機械歴史館

福岡県久留米市田主丸町以真恵日渡 1481
田主丸アグリテクノセンター併設
TEL 0943-73-3751
9:00 ～ 17:00（入館は 1 時間前まで）
〈休〉月・祝・8/13 ～ 16、12/29 ～ 1/5
〈交〉JR 田主丸駅より車で 10 分
〈料〉無料〈駐〉あり〈予約〉不要

www.fukuokakyushu-kubota.co.jp/museum/

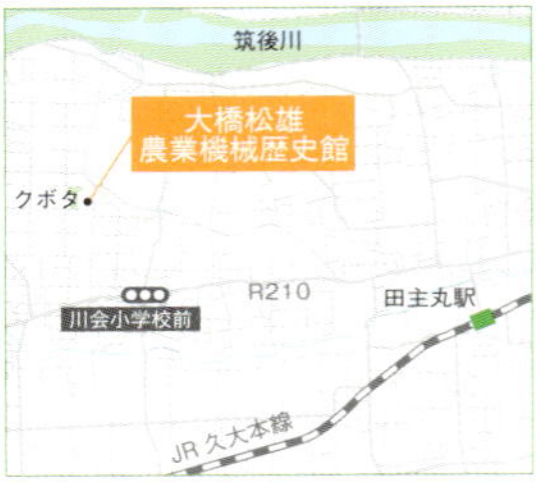

ここが見どころ！

画期的な発明 国産初の水田用トラクタ

開発は大橋氏の手による

昭和 37 年に誕生した「クボタトラクター L-15 1 号機」は、当時の大卒の初任給が 1 万数千円の時代に、80 万円もした。2 年前に開発された国産初・畑作用に引き続き、国産初・水田用となる。

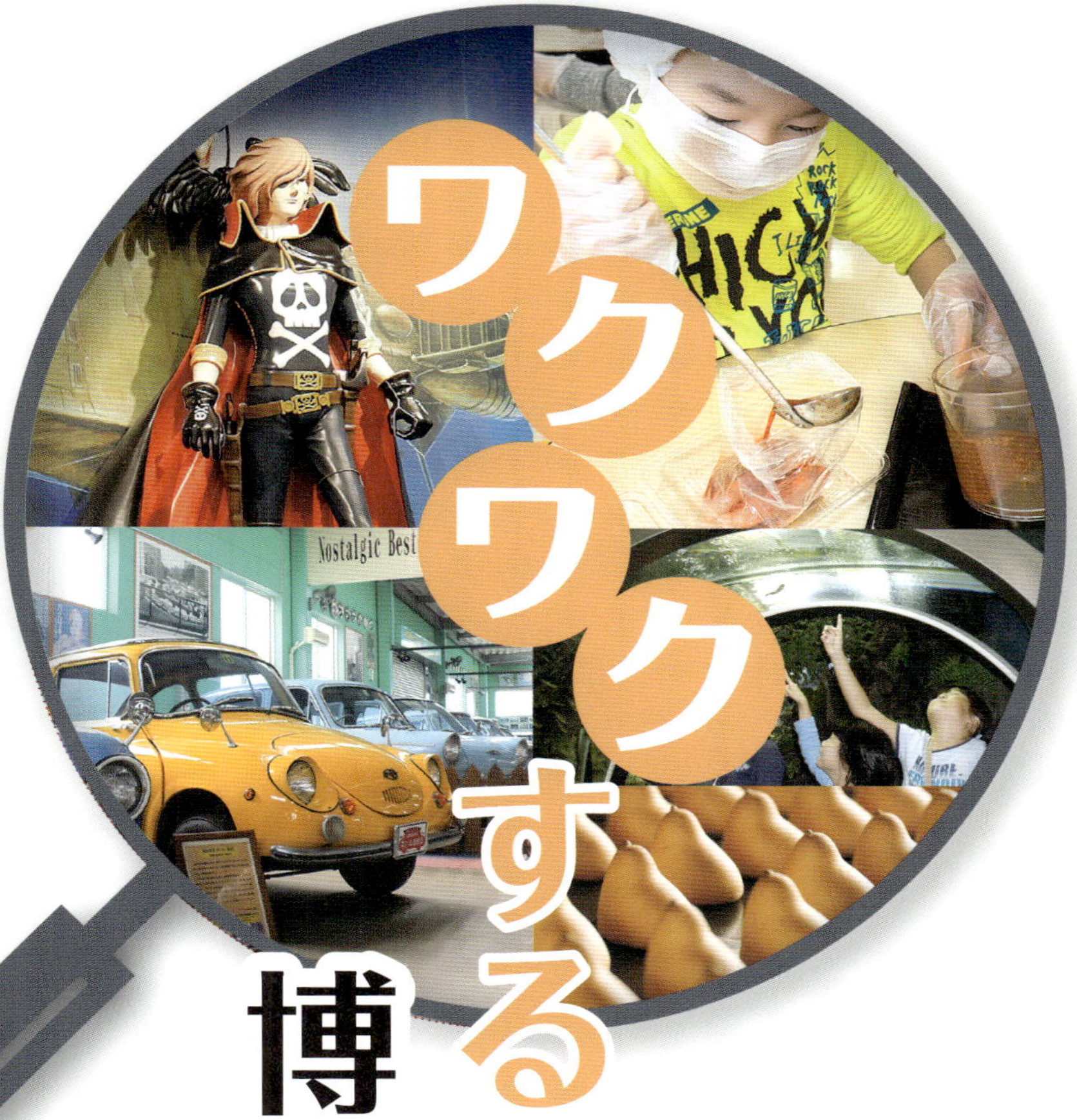

ワクワクする！博物館

体験ができたり、カッコいい展示物が並んでいたり、心踊るワクワク空間です。「楽しかった！」「また行きたい！」とリピーターになる可能性大。

町田オススメ!

かわいいひよ子の大行進!

ひよ子本舗吉野堂 穂波工場

製造ラインに乗ってひよ子が出来上がってくる

原料作りから最後の箱詰めに至るまで、解説付きで案内してくれます

夢枕に現れたひよこが全国で愛される名菓に

全国的に名高い「名菓ひよ子」は、大正元年（1912）に福岡県飯塚市で誕生した。考案したのは明治時代より続く菓子店「吉野堂」の2代目店主・石坂茂。子どもから大人まで愛される菓子を作りたいと願っていたところ、ある夜、夢の中にひよこが現れたという。菓子といえば丸や四角しかなかった当時、ひよこの形なんて誰もが想像すらしなかったもの。2代目は試行錯誤の末にこの形を生み出したという。

見学所要時間

約40分

飯塚生まれのひよ子は博多、東京、そして全国へ

工場見学のあとは昭和レトロな売店へ

穂波工場では包餡《ほうあん》、成型、釜入れ、目付けとひよ子が出来上がるまでの製造工程を見学できる。見学終了後はできたてのひよ子を試食できるのも嬉しい。皮は香ばしく、餡には温かさが残り、やさしい甘さが口の中に広がる。

レトロな雰囲気の売店

製造ラインの見学の他にも、ひよ子の歴史について学べる展示コーナーや、昭和初期の「飯塚本店」をイメージした売店にも立ち寄りたい。入口正面にはひよ子を手作りしていた頃の型や目を入れるための道具などが展示されているので、これらも見ておこう。

全国へと進出していくひよ子のあゆみを年表形式で紹介

DATA

ひよ子本舗吉野堂
穂波工場

福岡県飯塚市楽市 538-1
TEL 0948-23-0745
9：30～、10：30～（計２回）
〈休〉水・日・繁忙期
〈交〉JR 天道駅より車で５分
〈料〉無料〈駐〉あり〈予約〉必要

www.hiyoko.co.jp/company/factory.html

ここが見どころ！

製造ラインの壮観さは写真や文字ではなかなか伝えられない。百聞は一見にしかず。実際に訪れてみよう

製造ラインはひよ子の大行進。「生まれたて」の瞬間に立ち会おう。

製造ラインに乗って出来上がってくるたくさんのひよ子は壮観。とても可愛らしく、見とれてしまうだろう。ちなみに「行進」はおしり側から進んでいく。頭を前にするよりもこの方が安定するためだという。オーブンで約 15 分ほどで焼き上がる。見学の最後に試食できるひよ子は、まだほのかに温かく、まさに「生まれたて」という感じだ。

ワクワク!

博多の「歴史」「文化」そして「食」を楽しく学ぶ
博多の食と文化の博物館 HAKU《ハク》HAKU《ハク》

福岡空港から車で10分ほどの場所にあるので、博多観光の最後スポットとして立ち寄る人も多い

明太子、その誕生秘話がここに

博多を代表する食文化といえば「明太子」。この博物館は辛子明太子の製造販売を日本で初めて行った「味の明太子 ふくや」がプロデュースする明太子と博多文化を知ることができる場所だ。工場の一画に併設されており、原料の加工や唐辛子のつけだれに漬け込むといった明太子の製造ラインをガラス越しに見学することができる。

原料や製造方法をクイズ形式で楽しく学ぶコーナーは子どもたちに人気。また、明太子の元祖・ふくやのヒストリーを創業当時の店舗の再現とともに知ることができるブースもある。こちらも必見だ。

近隣の小学生たちが多く見学に訪れる。毎日食べる明太子が作られる様子に興味津々だ

見学所要時間
約**30**分

1000年続く博多の歴史を知る

この館では明太子だけでなく、博多の歴史や文化を知ることもできる。展示テーマの一つ「祭」では勇壮な夏祭り「博多祇園山笠」の山笠の展示や3D映像による疑似体験が可能。さらに「食」ではラーメンや水炊きといった美味しい博多の食文化の原点を知り、「工芸」では博多織や博多人形をはじめ博多の技に触れられる。ここに立ち寄れば、福岡観光がより楽しくなるはずだ。カフェでは明太子を使った様々なメニューが食べられるので、見学の後はぜひ立ち寄って欲しい。

清潔に管理された明太子工場の内側をガラス越しに覗いてみよう

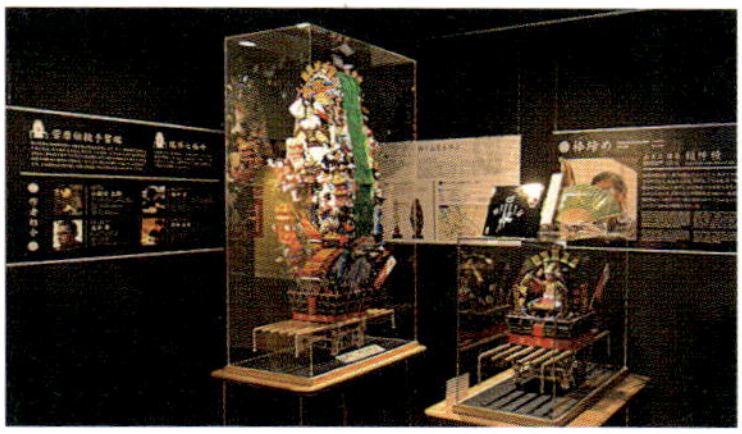
770年を超える歴史を持つ「博多祇園山笠」。7月の開催期間中でない時でもこの場所にくれば山笠を見ることができる

DATA

博多の食と文化の博物館 HAKUHAKU

福岡県福岡市東区社領 2-14-28
TEL 092-621-8989
10:00 ～ 17:00(入館は 30 分前まで)
〈休〉火(祝日の場合は翌日)、年末年始
〈交〉JR 吉塚駅より徒歩約 15 分
〈料〉大人(中学生以上)300 円、小学生以下無料〈駐〉あり〈予約〉不要

117hakuhaku.com

ここが見どころ！

ファミリーで参加する入場者も多い。家族のそれぞれが作った明太子を食べ比べても面白い

見るだけじゃない、明太子づくりの体験も

明太子工場を併設している「ハクハク」では見学のほかに、明太子の製造体験も人気。自分の好みに合わせた辛さに味付けできるので、世界に一つだけの「MY めんたい」を作ることができる。持ち帰って、冷蔵庫で 2 日ほど熟成させたら食べ頃。参加は小学生以上。所要時間は 30 ～ 40 分程度、参加費は 1,500 円（3 日前までの予約が必要）。

ワクワク！

音《オン》楽《ラク》館《カン》

音と光のアンティーク資料館

特別展示室のオーディオ。現在でも視聴することも可能な往年の名機の数々（要予約・別途400円）

１５００坪の広い館内 国内外の貴重な品々

福岡県中南部に位置する朝倉市黒川。筑後川が流れ自然あふれるこの町で生まれ育った館長の渕上宗重さんが、60年にわたって収集してきたコレクションを展示している資料館。１００００点の収蔵品の中から、２０００点以上が展示されている。2階の展示スペースには、SONYコレクションをはじめ、カメラや映写機、幻灯機、電話機、鍵盤楽器など、どれも希少なものばかり。昭和時代の懐かしい生活を再現しているスペースや、レコードプレーヤーなどのオーディオ機器の展示の他、渕上館長が運営し80年代にプロミュージシャ

大自然の中に佇む音楽館

見学所要時間

約60分

ンがレコーディングを行った「フチガミレコーディングスタジオ」をその空気感まで再現している。

ミュージックサロンとしても利用可能

2階にある展示スペースは、ミュージックサロンとしても活用ができ、イベントなどでも使用されてきた。借りたい場合は相談してみよう。

また、本館とは別棟にある米軍のかまぼこ型兵舎を模したジープ館には、実際に使用されていたアメリカ軍のジープ5台、イギリス軍のジープ1台が、レストアして並ぶ。普段なかなか目にすることのない貴重な車だ。

実際に戦地で使用されたジープ

昔を偲ぶ昭和館

DATA

音楽館

福岡県朝倉市黒川1494
TEL 0946-29-0345
10：00～17：00
〈休〉月・火（祭日を除く）、12～2月
〈交〉朝倉ICより車で20分
〈料〉大人（高校生以上）600円、中学生300円、小学生100円
〈駐〉あり〈予約〉不要

ここが見どころ！

アコースティック蓄音機時代の頂点にふさわしい、最も完成された「オルソフォニック ビクトローラ クレデンザ」

100年前の音を再現。甘美な音色にうっとり

1階のアコースティックサウンドルームには、1909年のエジソン社製「蝋管式蓄音機」、1925年のビクター社製「オルソフォニック ビクトローラ クレデンザ」など最高機種の蓄音機を展示している。どちらも、今でも稼働する貴重なものだ。クレデンザは78回転SP盤との相性が良く、甘美な音色で聴く人を魅了するという。

大型客船をイメージした館内からは、関門海峡が一面に広がる

関門海峡を体験しながら学び知る
関門海峡ミュージアム

歴史や体験を通して関門海峡を学ぼう

日本海と瀬戸内海の境目に位置し、本州と九州を結ぶ交通の要衝でもある関門海峡は、壇ノ浦の戦いや巌流島の決闘など様々な歴史の舞台としても知られる。そんな関門海峡に関わる仕事や、歴史を紹介するこちら。2003年に開館し、2019年9月にリニューアルオープンした。2階の海峡体験ゾーンは、海峡の安全を守り、漁業や海運に従事する人々の営みを疑似体験しながら学ぶエリア。3階の海峡歴史回廊は、著名な人形作家が手掛けた人形で、この地に伝わる歴史を再現。4階のプロムナードデッキは、大正昭和の豪華客船をイメージしたラウンジで眺めも抜群!

海峡体験ゾーンで関門海峡を身近に

見学所要時間
約90分

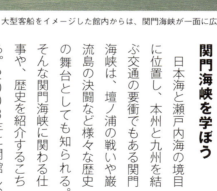

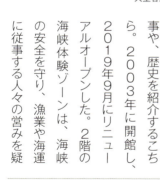

大型客船で関門海峡をクルーズ旅行!?

関門海峡についてしっかり学んだら、5階にあるレストラン「マリーナテラスKAITO」へ行こう。ふぐ問屋直営のこちらでは、本格的なふぐ料理はもちろんのこと、新鮮な地元食材を使用した料理が味わえる。コース料理は予約が必要なので、事前の電話を。ガラス張りの店内からは関門海峡が280度にわたり見渡せ、各種パーティーや宴会の予約も受け付けている。学んで食べて思い出に残る1日が過ごせるこちら。大人から子どもまで楽しめるミュージアムである。

海を見ながらの食事は格別

プロムナードデッキから、関門海峡の船の航行が望める

DATA

関門海峡ミュージアム

福岡県北九州市門司区西海岸 1-3-3
TEL 093-331-6700
10:00〜18:00（入館は30分前まで）
〈休〉不定休
〈交〉JR 門司港駅より徒歩 5 分
〈料〉大人 500 円、小中学生 200 円
〈駐〉あり〈予約〉不要

www.kanmon-kaikyo-museum.jp

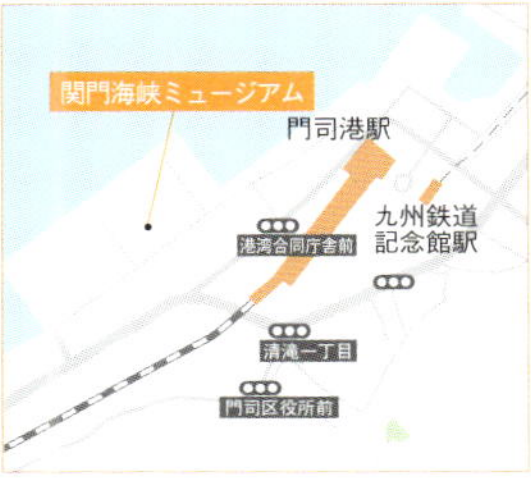

ここが見どころ！

18×9mのスクリーンは圧巻

時空を超えて関門海峡の魅力を発信

2階から4階にかけての吹き抜けの空間にある「海峡アトリウム」は、国内最大級の巨大スクリーンで関門海峡の今と歴史を映像で楽しめる。水景プログラムでは水中の様子を CG で再現したり、音楽に合わせて水中生物を紹介したり。歴史プログラムでは「壇ノ浦の戦い」などの歴史の他、門司港の変遷を紹介している。4 本の映像は全て必見だ。

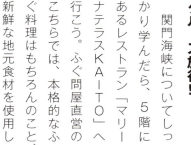

ワクワク!

レトロな国産自動車を60台以上展示

海の中道海浜公園

日本の名車歴史館

可愛らしいフォルムのスズキの軽自動車フロンテ 360 とスバルの軽自動車 360

懐かしい国産車を数多く展示

国営「海の中道海浜公園」内にあるこちらは、日本の自動車産業の草創期を伝えたいとの想いから2004年3月に福岡県初の旧車展示施設としてオープンした。昭和20年代から40年代に生産された国産車を常時60台（二・三輪車含む）以上展示している。初期のトヨタクラウンや、日産フェアレディ、世界初の量産ロータリーエンジンを搭載したマツダコスモスポーツなど、自動車愛好家にはたまらない施設だ。その他にも、昭和初期の暮らしを再現したスペースや、昭和の名作映画ポスターが展示され、昭和の懐かしい時代が体感できる空間となっている。

マツダコスモスポーツ

見学所要時間

約30分

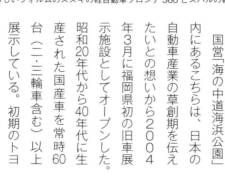

日本のハーレー「陸王」も展示

昭和10年頃より、四半世紀にわたって日本のモーターサイクル界の王者だった「陸王」も展示されている。大正から昭和にかけてアメリカ製の二輪車が日本に入るようになり、ハーレーダビッドソン販売から独立した三共内燃機が製造販売した二輪車だ。「国産ハーレー号」とも呼ばれており、昭和11年頃の月刊誌『モーター・ファン』で懸賞付きで名前の公募をしたところ「陸王」に決定したという。現代、運転を操作するのは極めて難しいとされる。昭和35年頃に生産が終了した。

定期的にボディを磨き美しく保存している

昭和 30 年式の「陸王・RT-1」

DATA

海の中道海浜公園
日本の名車歴史館

福岡県福岡市東区西戸崎 18-25
海の中道海浜公園内
TEL 092-603-1111
9:30 ～ 17:30(11～2 月は～ 17:00・入館は 1 時間前まで)
〈休〉公園の休みに準じる
〈交〉JR 海ノ中道駅より徒歩すぐ
〈料〉500 円※〈駐〉あり〈予約〉不要

uminaka-park.jp

※海浜公園の入園料別途

ここが見どころ！

日本内燃機製造「くろがね・オート三輪」

戦後に活躍したオート三輪を間近に

三輪車メーカーの中でも、もっとも古い歴史を持ち一時は 3 大メーカーのひとつと数えられた日本内燃機製造株式会社の三輪トラック「くろがね」は、現存する個体が少なく貴重な一台。補助席付きの二人乗りで最大積載量は 750kg。アクセルは右ハンドル上のレバー、フックブレーキは右下、ペダル左下がクラッチペダルなど、今の自動車とは造りが異なる。

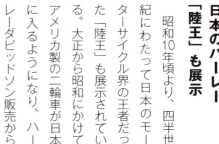

ワクワク!

茶の文化館

学んで、飲んで、作って。奥深いお茶の世界を体感

体験の一番人気は「抹茶挽き」。挽いた抹茶は自分で点てて飲むことができる

自然豊かな星野村でゆったりお茶に親しむ

急峻な山と清流、昼夜の寒暖の差といった茶作りの条件が整った「奥八女」と呼ばれる地域は、日本一の品質を誇る玉露をはじめ、全国有数の〝お茶どころ〟として名高い。星野村にある「茶の文化館」は八女茶の魅力をより多くの人に知ってもらいたいと、1994年にオープンした施設。棚田が広がる緑豊かな風景は、都会の喧騒を忘れ、穏やかな気持にしてくれる。

こちらでは、室町時代に始まった星野村の茶の栽培の歴史や100年間守り続ける手間隙かけた製法などについて学ぶだけでなく、実際に最高級の本玉露を味わい、煎茶やほうじ茶を作る体験ができる。

キャンプ場も併設された「星のふるさと公園」内に建つ

見学所要時間

約60分

八女茶の美味しさに五感で触れよう

館内では、玉露、煎茶、かぶせ茶、紅茶、ウーロン茶など、八女で育てている12種類のお茶を展示。色や香りの違いを確かめてみよう。また、抹茶・ほうじ茶・緑茶、3種類のお茶を自分で作って持ち帰ることができる体験コーナーも人気だ。

ずらりと並ぶお茶の中から好みのものを見つけよう

ゆったりとくつろげる呈茶コーナー。美しい山並みを眺めながらのんびり過ごせる

館内を一通りめぐったら、飲食コーナーで一休み。種類豊富なお茶はもちろん、茶そばや茶飯、玉露カレーに加え、抹茶アイスや抹茶パフェなど、メニューはまさにお茶尽くし。高級茶の産地・星野村ならではの濃厚な体験ができる施設だ。

DATA

茶の文化館

福岡県八女市星野村 10816-5
TEL 0943-52-3003
10：00 ～ 17：00
〈休〉火(祝日は営業)・年末
※5・8月は無休
〈交〉八女 IC より車で 50 分、杷木 IC より車で 30 分、堀川バス池の山前より徒歩 20 分
〈料〉無料 〈駐〉あり 〈予約〉不要

www.hoshinofurusato.com

ここが見どころ！

飲み干した後は、茶葉に酢醤油をかけていただく。お茶のエネルギーを丸ごと取り込もう

馥郁《ふくいく》たる香り、濃厚なうま味 最高級の玉露を味わい尽くそう

100 年以上の間、「藁覆い」による被覆栽培、手摘みによる摘採という手間隙のかかる方法を守り続け、星野村は日本一と言われる玉露の産地となった。館内では、その「伝統本玉露」を「しずく茶」というオリジナルの飲み方で提供。蓋つきの茶碗に玉露と湯を入れ、その蓋をずらして隙間から飲む方法で、うま味が濃縮された最初の一滴の味わいには来館者の誰もが驚くという。

町田オススメ！

スクリーンを駆け抜けた名車がずらり
九州自動車歴史館

ボンネットバス、ミゼット、鉄人28号がお出迎え

個人でこれだけの自動車コレクションはなかなかスゴイ！ミニカーも1,000台くらいあります。

日本が元気だった昭和40年代を懐古

東京で映画やテレビの仕事をしていた館長が、1989年にふるさと湯布院でオープンした。映画、テレビ、CMなどで活用していた劇用車を展示している。

「ただ自動車を陳列するのではなく、ドラマの一場面のように皆様の記憶にある懐かしい一コマや海外の映画で見た憧れのワンシーンを再現しています」と語る館長。メインテーマは自ら

戦後の日本の風景を再現したコーナー

見学所要時間
約**30**分

の青春時代である昭和40年代だ。ボンネットバスに乗ることもでき、ハーレーやクラシックカーに乗って記念写真を撮影できるスタジオもある。

往年の名車に囲まれて夢のようなひととき

展示している車の数は70台。全国から、そして海外からもクラシックカーマニアが訪れ、往年の華やかな時代に想いを馳せていく。今なおメンテナンスをかかさず、8割ほどの車は実走可能。撮影用に貸し出すこともあるという。『きかんしゃトーマス』の走るNゲージや、双発飛行機の実機に乗って操縦ゲームが楽しめるシミュレーターは子どもに人気。シニアはもちろん、家族3世代で来館してもきっと楽しめるだろう。

左からマスタング、ベンツ190SL、コルベットC1、ジャガー・Eタイプ

1967年製フィアット500。かわいらしい形のため、この車の前で記念撮影をする人も多い

DATA

九州自動車歴史館

大分県由布市由布院町川上1539-1
TEL 0977-84-3909
9:15～17:15(入館は15分前まで)
〈休〉繁忙期間を除く木曜
〈交〉JR由布院駅より徒歩20分
〈料〉大人800円、小学生400円、幼児無料〈駐〉あり〈予約〉不要

ret.car.coocan.jp

ここが見どころ!

1台あたり50曲以上を内蔵している。好きな曲を選ぼう

これな～んだ!?
あ、ジュークボックスだ!

かつては喫茶店などに置かれていたが、今は見ることも少なくなったジュークボックス。館内には4か所にジュークボックスが設置され、100円を入れるとレコード演奏を聴くことができる。曲目はプレスリーやビートルズ、昭和の懐メロなど。懐かしい曲を聴きながら名車を見て回れば、当時にタイムスリップした気分に浸れるだろう。

ワクワク！

あらゆる角度から世界中の「香り」が学べる
大分香りの博物館

世界中から集められた名香の数々。一部は試嗅（テスティング）も出来る

「香り」に特化した珍しい博物館

　別府大学創立100周年の記念事業として、観光から、教育・研究の利用まで、幅広いニーズに応えられるマルチ対応型ミュージアムを目指し、2007年に開館した。旧「香りの森博物館」の収蔵品約3600点を大分県より貸与され展示。1階は、貴重な名香が並ぶ香水コレクションの展示の他、ミュージアムショップやカフェを併設。2階は香りに関する歴史と、人々と香りの関わりを紹介。3階は香水の調合体験やアロマ体験などの体験型スペースとなっている。香りに関す

香料がまるで鍵盤のように並ぶオルガン台

見学所要時間
約60分

るあらゆることを学び、楽しめるスポットとして、年間を通して老若男女が訪れている。

歴史的にも価値がある貴重な品々

一本の香水を作るのに100種類以上の香料が用いられる。その際に調香師が使う調香台「オルガン台」をはじめ香水を製造するための道具や、天然香料も展示している。紀元前のエジプトやローマで製造された香水瓶、ロココ、アール・ヌーヴォー、アール・デコなどの様式の貴重な香水瓶も必見だ。香りがそれぞれの文化圏で、どのように人と関わり、どのようにして発生・進化していったのか。パネルなどでわかりやすく紹介しているので、香りの知識を深めよう。

マイセンで製造された香水瓶。1750頃

古代のエジプトやローマで製造されたコアグラス香油瓶

DATA

大分香りの博物館

大分県別府市北石垣48-1
TEL 0977-27-7272
10：00～18：00
（体験受付17：00まで）
〈休〉12/31、1/1
〈交〉JR別府大学駅より徒歩12分
〈料〉大人500円、大・高生300円、小・中学生200円
〈駐〉あり〈予約〉不要

oita-kaori.jp

ここが見どころ！

世界で一つだけのオリジナル香水は旅の思い出となるだろう

香りについて知識を深めたら、次は香水を作ってみよう！

ここへ来たらぜひ自分で香水を作ってみよう。3階にある調香体験工房では、香水を自分で作る体験ができる（別途2,500円）。自分だけのオリジナルの香水は、世界に一つだけのものだ。また、アロマルームでは、リラックスしながら香り体験ができるのも嬉しい（別途一回550円）。ともに予約が必要なので、受付で申し込みを。

ワクワク!

音浴博物館

貴重な年代物のレコードを自由に視聴

エントランスでニッパー君がお出迎え。初めての来館者には無料のガイドツアーも

16万枚のレコードが聴ける博物館

長崎県西海市の委託を受け、NPO法人「推敲の森実行委員会」が運営。職業訓練校の指導官を務めていた故栗原榮一朗氏の個人コレクションを起源とし、2000年に開館した。栗原氏の想いである「レコードは聴いてこそ価値がある。磨り減って聴こえなくなってもそれがレコードの本懐」「実際にアナログの音を浴びる」をコンセプトに、100年以上前のレコードをはじめとする16万枚以上のレコードを、当時の音響機器で自由に触って聴くことができる。公共交通機関が利用できない立地でありながら、関東や関西からの音楽ファンも訪れている。

静かな森の中に佇む音浴博物館

見学所要時間

約**80**分

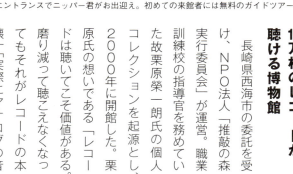

3棟の建物の中に 5つのコーナー

エジソン式蓄音機やジュークボックス、二眼式カメラなどを展示する「エントランスホール」。ＳＰレコード1万枚と、手まわし蓄音機60台、昭和30年代のステレオ装置などがある「蓄音機の館」。ＬＰレコード、シングルレコードを展示公開する「ＬＰホール」。約50人が収容でき、生演奏のコンサートなども行う「イベントホール」。所蔵品の企画展や、写真展、絵画展などを行う「ギャラリースペース」。一日いても飽きないだろう。

1973 年アメリカ製のジュークボックスは、現役で稼働する

1950 年代の希少なスピーカーや大型ホーンシステムで聴くことも可能

DATA

音浴博物館

長崎県西海市大瀬戸町
雪浦河通郷 342-80
TEL 0959-37-0222
10:00～18:00(入館は 30 分前まで)
〈休〉木(祝日の場合は翌平日)・年末年始
〈交〉長崎バス雪の浦より車で 20 分
〈料〉一般 750 円、小中学生 320 円、未就学児無料〈駐〉なし〈予約〉不要

onyoku.org

ここが見どころ！

1903 年製エジソン式蓄音機

100 年以上前に製造された蓄音機で当時を偲ぶ

こちらの蓄音機には、1914 年に録音された蝋管レコードがセットされ、ガイドによって再生される。100 年以上前の音を視聴できる貴重な体験ができる。またイベントホールでは、年代や目的が異なるスピーカーで聴き比べを体験。空いていれば好きなレコードを選んで大音響で聴くことも可能だ。

ワクワク！

長崎電気軌道が運営する資料館
長崎路面電車資料館

1号車実物大レプリカの運転席での記念撮影は、長崎の旅の思い出の一枚となるだろう

路面電車の歴史を学ぼう

戦前より市民の重要な移動手段として、また街のシンボルとしても走り続ける路面電車。大正4年（1915）に開通した路面電車を、より身近に感じ、利用してもらいたいとの思いから開館したこちら。長崎電気軌道株式会社の本社内にあった資料館を2010年に長崎西洋館に移転した。路面電車の今昔写真や、車両部品、模型、動く仕組みなどを展示紹介している。社員が製作した鉄道型ジオラマは、長崎の街を再現し遊び心満載。また、開通時に走行していた1号車の運転席の実物大レプリカが展示されているので、運転士気分を楽しみながら記念撮影するのもおすすめだ。

年に1度の路面電車祭りの際にだけ動くＮゲージの鉄道ジオラマ

見学所要時間

約**30**分

電車の部品から貴重な切符まで

普段、目にすることがないような電車の構造や部品などが展示されているのは、軌道会社ならでは。電車ファンにはたまらないコーナーだ。信号、ポイント、電車の動く仕組みのパネルでは、様々な角度から電車について学ぶことができるので、子どもたちの夏休みの宿題などでも参考になりそう。また、昭和25年頃まで使用されていた木製の乗車券「電車木札優待乗車券」なども展示している。100年以上にわたり長崎の街を走り続ける路面電車の歴史を感じよう。

一般ではなかなか目にできない電車の部品

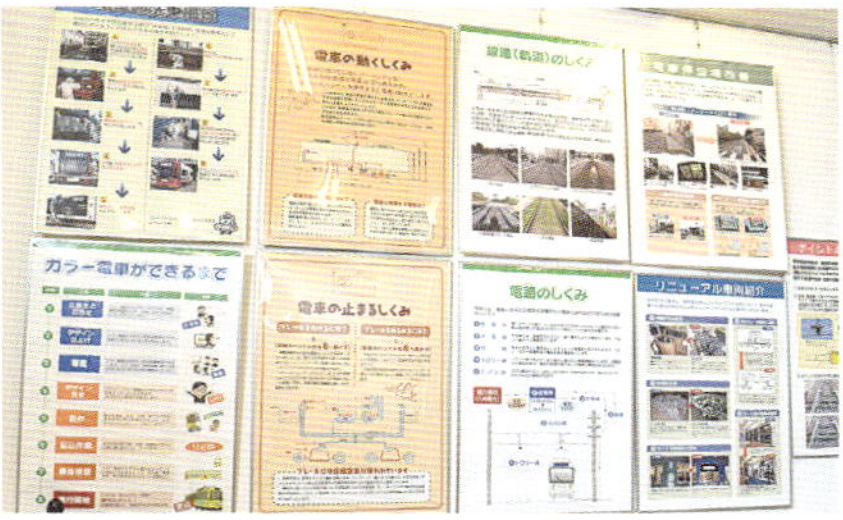
電車の動く仕組みなどを紹介したパネル

DATA

長崎路面電車資料館

長崎市川口町 13-1 長崎西洋館 3F
TEL 095-843-9192
11：00～17：00
〈休〉長崎西洋館休館日（12/31・1/1、5・11 月の第 3 火曜）
〈交〉原爆資料館電停より徒歩 1 分
〈料〉無料〈駐〉あり〈予約〉不要

www.naga-den.com

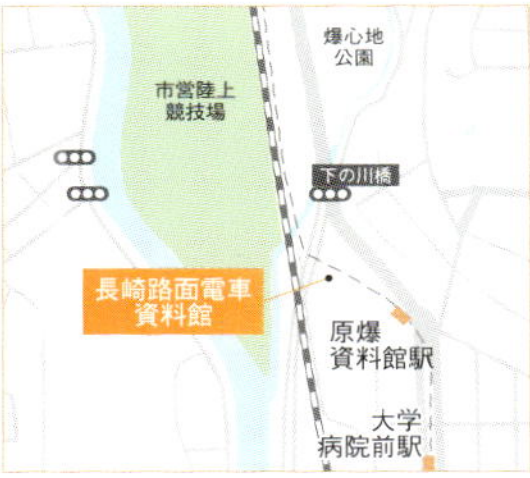

ここが見どころ！

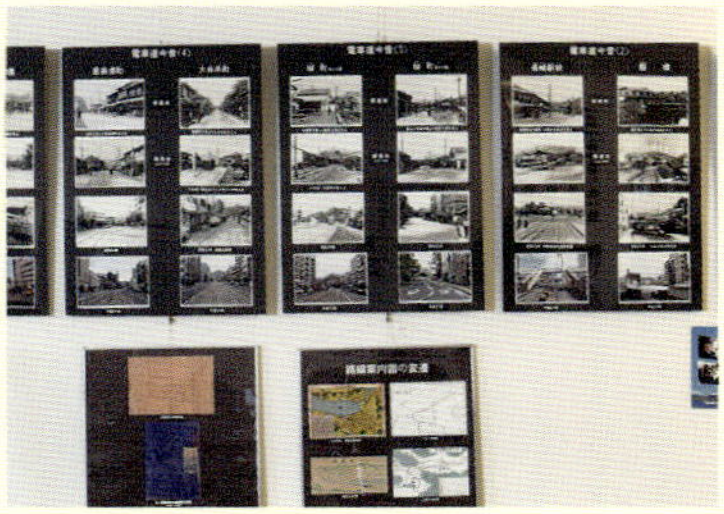
長崎の街並みと路面電車の歴史を感じられる

長崎の街と長崎電気軌道の今昔写真

今昔写真が展示されている一角では、長崎電気軌道の路面電車と長崎の街の変遷を見ることができる。路面電車の開通前、開通後、昭和時代、平成時代を比較することで、時代の移り変わりを感じることができるだろう。シニア世代には懐かしい風景の数々、子どもは今と全く違う街並みに興味津々。大人から子どもまで楽しめる要素が詰まった展示だ。

ワクワク!

漫画史に輝く名作から最近の人気作まで
北九州市漫画ミュージアム

来館の思い出に等身大のハーロックフィギュアとの記念撮影

子どもから大人まで漫画の魅力にハマる

北九州市が運営するこちらは、漫画文化に特化し2012年8月に開館。「見る」「読む」「描く」の3つのテーマで運営されている。

常設展の「見る」ゾーンでは、北九州市出身で名誉館長を務める松本零士氏の生い立ちや業績を紹介するコーナーや、地元ゆかりの漫画家の作品を交えて、漫画が出来るまでの過程やその仕組みなどを学べるコーナーがある。また、戦後からこれまでの漫画を年代順に紹介する漫画タイムトンネルでは、漫画の歴史を一望することができる。「読む」ゾーンでは、約5万冊

松本零士コーナーには貴重な資料や映像が

見学所要時間
約**60**分

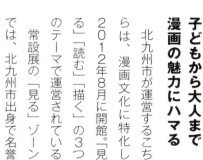

のコミックを自由に読むことができる。好きな漫画を手に取って、時間を忘れて漫画を読む人の姿も。「描く」ゾーンでは、初心者向けの漫画の描き方体験や、プロによる漫画スクールなどを開催している。

6階の漫画タイムトンネルで、漫画の歴史を学ぼう

漫画やアニメの企画展も随時開催！

年間を通じて、漫画やアニメなどに関する様々な企画展も開催されていて、中にはここでしか見ることができないオリジナル企画展も。企画展スケジュールは公式ホームページで、確認して欲しい。

プロの指導が受けられる漫画スクール

DATA

北九州市漫画ミュージアム

福岡県北九州市小倉北区浅野2-14-5 5・6F
TEL 093-512-5077
11:00～19:00(入館は30分前まで)
〈休〉火(休日の場合は翌日)・年末年始・館内整理日
〈交〉JR小倉駅より徒歩2分
〈料〉一般480円、中高生240円、小学生120円、小学生未満無料
〈駐〉なし〈予約〉不要

www.ktqmm.jp

ここが見どころ！

閲覧ゾーンで思う存分漫画を読もう！

5万冊の漫画が読める閲覧ゾーンで読みたかったあの漫画を一気読み！

館内には、昭和・平成の名作から最近の人気作品まで、約5万冊ものコミックが取り揃えられている。靴を脱いでくつろいで漫画が読めるコーナーもあり、一日中、ゆっくりと楽しむことができる。老若男女問わず漫画愛好家の人気スポットとなっており、週末には家族連れも多く訪れている。お気に入りの漫画について語り合う読書会も定期的に開催。

九州最高の知識の海
九州大学総合研究博物館

九州大学は昆虫標本の収蔵数がアジアでもトップクラスといわれている

実は、気軽に入れます 研究者の足跡を辿る

大学という場所は教育関係者しか入れない場所だと思いがちだが、そんなことはない。「九州大学総合研究博物館」は、常設展示が設けられ一般に開放されている。収集されているのは、九州大学の研究者たちが自身の研究テーマに基づいて世界中から集めた一次資料などの学術遺産。と聞くと難解そうだが、常設展示では美しい昆虫標本やアンモナイトの化石、岩石標本などを展示、年数回の企画展示も催されており、夏休みには自由研究のために足を運ぶ子どもたちも多い。

箱崎キャンパス移転に伴い、旧工学部本館に各分野の資料を集約。企画展も定期的に行う

見学所要時間

約50分

貴重な資料を間近に 特別展示を見逃すな

常設展示だけでなく、年に数回行われる施設公開を楽しみにしているファンも多い。各分野の資料を収蔵した開示室を整備し、「本館丸ごと博物館」と題して公開しているのだ。膨大な数の昆虫標本、鉱物、化石、動物骨格標本、動物はく製標本など、普段は目にする機会の少ない貴重な資料を間近に見ることができる。開示室の扉を開けるたびに、知の波があふれ出してくるようだ。イベントとして学芸員が解説をしながら開示室を案内するツアーが催されることもある。

期間限定で公開される開示室の一つ。貴重な鉱石・鉱物標本や炭鉱模型などを求めてファンが全国から訪れる

工学系資料開示室は、床に旧第一分館の木煉瓦が敷き詰められ、かつての実習工場の雰囲気を感じさせる

ここが見どころ!

これだけの数のはく製や骨格標本を一度に見るのも貴重な体験。世界に10数体しかいない絶滅したニホンアシカのはく製も

幻の動物から骨格まで 展示什器にも注目

動物標本開示室には、タヌキやイタチなどの身近な動物から世界的に珍しい貴重な動物のはく製も。また、魚類から霊長類に至る脊椎動物の骨格標本が什器にずらりと並び、展示されている。展示を見ていく際には、標本などが置かれている什器にも注目してほしい。長年研究室などで使われてきたものだが、今では珍しい和ガラスを使用するなど什器自体も貴重。

DATA

九州大学総合研究博物館

福岡県福岡市東区箱崎 6-10-1
TEL 092-642-4252
10：00 ～ 17：00
〈休〉 土・日・祝(お盆・年末年始などの大学一斉休暇日)
※特別企画の開催は HP を確認
〈交〉 地下鉄箱崎九大前駅より徒歩２分
〈料〉 無料 〈駐〉 なし 〈予約〉 不要

www.museum.kyushu-u.ac.jp

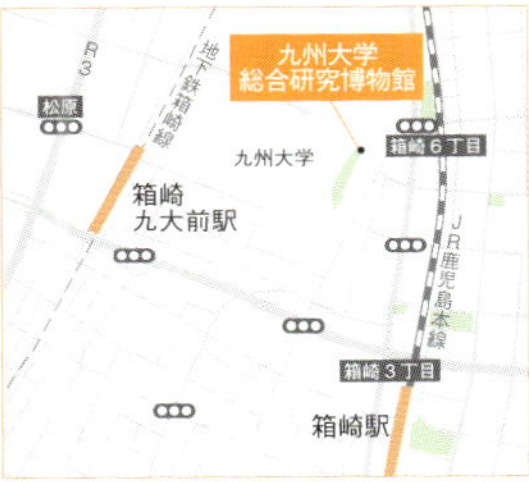

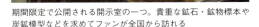

ワクワク！

国産名車博物館 セピアコレクション

館長の自動車愛が詰まった博物館

エンジンの音や匂いまで感じられる、旧車ファンにはたまらない聖地

保存状態に優れた希少な自動車120台

館長の松崎秀樹さんが、約20年の歳月をかけて収集した旧車コレクション。2008年にオープンしたこちらには、430坪の展示場内に約120台の旧車、希少な自動車が並び、そのほとんどが今も現役で動くというのが驚きだ。松崎さんの「車は実際に動いてこそ車である」という理念に基づき、ボディ、シート、内張りなど極力販売当時の姿で残すことにこだわり、必要最低限のメンテナンスにとどめている。「ここにある自動車それぞれの元オーナーが大切にしてきたから、今こうして良い状態での展示ができています。そのオーナーの想いも伝える事が使命です」

昭和30年式NJ号。職人による手作りのボディ

見学所要時間

約60分

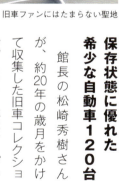

日曜日限定の自動車博物館

日曜日限定で開館しているので、電話予約は必須だ（団体の場合は土日祝も可能）。来館日時と人数を相談しよう。自動車の実動状態を保つために、平日は自動車を走らせているという。自動車を美しく保つために、普段は一台一台毛布を掛けて埃を避け大切に保管。松崎さん自ら来館時間に合わせ、毛布を外して迎える準備をしているのだ。誰よりも自動車への愛情が深い松崎さんは、保存状態を最善に保つための努力を日々欠かさない。

昭和 34 年式ダットサン・スポーツ S211 型は生産台数 20 台

「エスハチ」の愛称で親しまれた昭和 44 年式ホンダ S800

DATA

国産名車博物館
セピアコレクション

福岡県久留米市荒木町荒木 1457-3
TEL 090-3732-9693
〈休〉平日、土・祝
〈交〉JR 荒木駅より徒歩 8 分
〈料〉10 名以上 1 人 500 円
〈駐〉あり〈予約〉必要

www.sepiacollection.com

ここが見どころ！

右／昭和 26 年式オートサンダル FS 型 プロトタイプ、左／昭和 27 年式オートサンダル FN 型 ロードスター・ロリー

昭和 20 年代のオートサンダルが現役走行

当時の塗装状態で保存されている昭和 26 年式オートサンダル。オートサンダルとは昭和 27 年から 2 年間だけ存在していた「日本オートサンダル自動車」という自動車メーカーが作った日本初の 4 輪軽自動車。エンジンをかけると、来館者は拍手喝采。エンジン音を感じ、車内や排気ガスの独特の匂いに、誰もが感動するという。また、実際に車を走らせると、大人から子どもまで笑顔に。

ワクワク！

筑後川防災施設 くるめウス

コンセプトは「筑後川の入口」

常時約40種類の淡水魚を展示

自分達で歩いて調査しマップを作り発表「ぼうさい探検隊」！

テラスからは雄大な筑後川を望める

「筑後川」を知り防災意識を高めよう

筑後川周辺住民へ向け、水防災・河川環境保全の意識向上と河川愛護精神の啓発、河川における市民活動の活性化を促進することを目的として

2003年6月に開館。これまでに起こった水害の記録や、筑後川に生息する生物などを展示している。「ニッポンバラタナゴ」や久留米市の天然記念物に指定されている「ヒナモロコ」など珍しい魚を間近で観察することも。

見学所要時間
約30分

DATA

筑後川防災施設 くるめウス

福岡県久留米市新合川1-1-3
TEL 0942-45-5042
9：30～17：00
〈休〉月（祝日の場合は翌平日）
〈交〉バス停ゆめタウン久留米より徒歩2分
〈料〉無料〈駐〉あり〈予約〉不要

kurumeus.net

ここが見どころ！

週末イベントで、「筑後川」を身近に感じよう

川あそびin高良川

週末には、各種イベントを開催。春～秋シーズンは川あそび体験イベント、ゲームやクイズで水害について学ぶ「ぼうさいスクール」の他、自然観察会やエコ工作、川の美化活動なども開催。

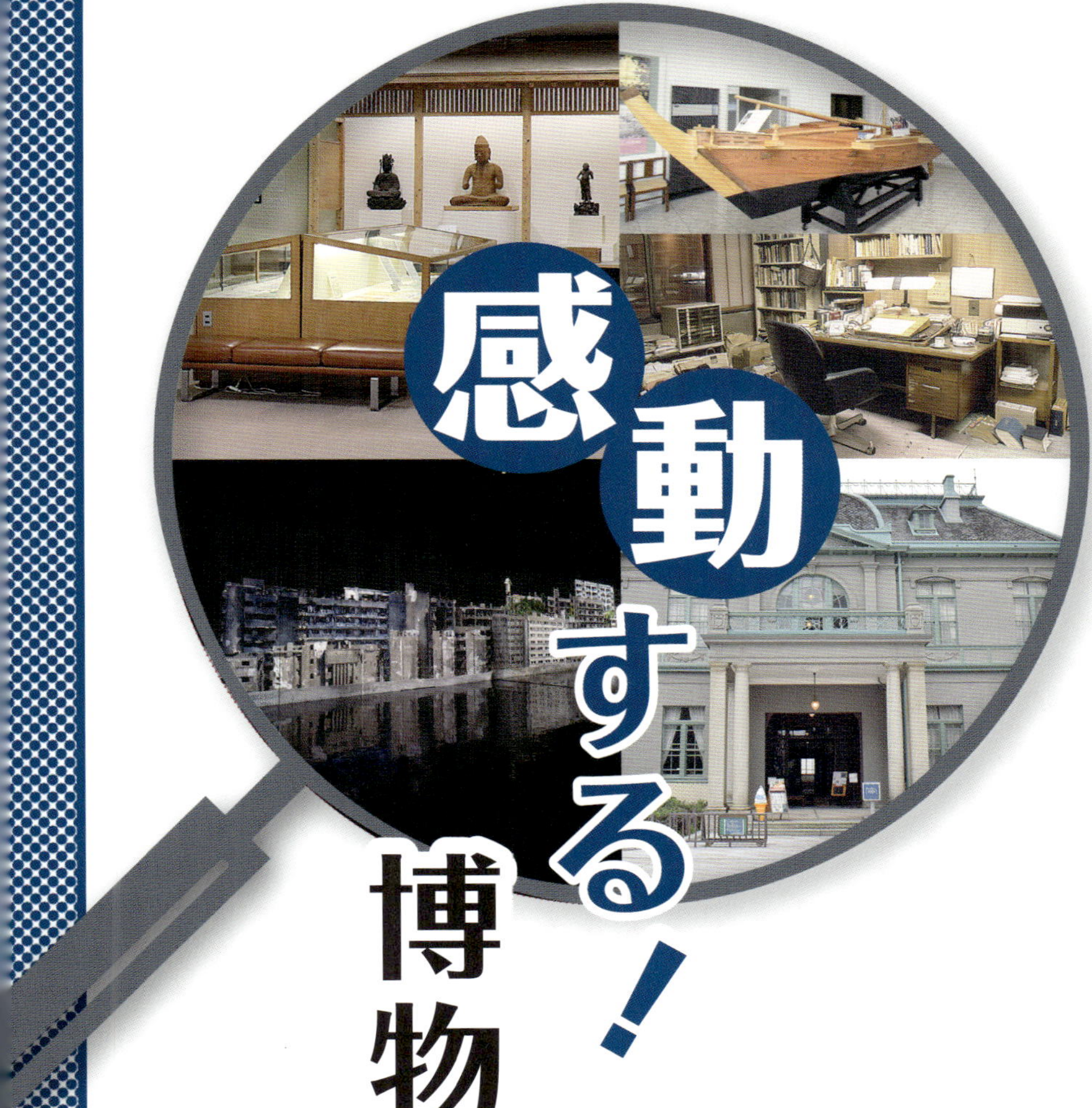

感動する！博物館

先人たちの熱き想いに触れる博物館・
資料館。静かな感動が広がります。
過去の歴史と向き合う、様々な展示。
大切な人と、ぜひご一緒に。

感動する！

町田オススメ！

生涯で12万枚の原稿用紙に執筆したと言われる

1000点もの作品を世に送り出した巨人
松本清張記念館

一番の見どころは再現された書斎。今ここに本人がいてもおかしくはないほど。

郷土の偉人を顕彰し作品研究や普及活動も

『点と線』『眼の壁』など社会派推理小説の他、近現代史、古代史など多岐にわたるジャンルを手掛けた松本清張。「松本清張記念館」は清張が幼少期から人生の半分を過ごした小倉の地で、その偉大な業績の顕彰を目的に1998年に開館した。単なる資料の展示館ではなく、松本清張の人と作品の研究やその魅力を広く紹介する活動を行っている。

読んだことのある作品もきっとあるはず

見学所要時間
約120分

700冊の表紙の壁
多作ぶりに圧倒

展示室1でまず目を引くのが、ずらりと並んだ本の表紙。生涯で約千点もの作品を書いた清張だが、そのうち700冊の表紙が掲示されている。その奥の展示室では、清張の生涯や多岐にわたる創作活動の全貌を年譜やパネルで紹介。手書きの原稿や初版本を見ることもできる。現代史ノンフィクションの代表作『日本の黒い霧』を題材にしたオリジナルドキュメンタリー映像を上映するコーナーも。展示室2は、書斎・書庫・応接室を再現して展示。清張が仕事をした静謐《せいひつ》な空間を来館者へ伝えている。

小倉城址の風情に合った外観デザイン

再現された応接室。ここから作品が世に送り出された

ここが見どころ!

中に入ることはできないが、AR端末で中の様子を見ることができる

ついさっきまで、松本清張がここに?
当時の書斎を忠実に再現

東京都杉並区高井戸にあった松本清張の書斎をそのままもってきて再現展示している。1992年、松本清張が亡くなった日のままの状態で、清張が確かにその場にいた空間を切り取った。タバコの灰が落ちるのもかまわずに、独り書斎で作品執筆に打ち込んでいた清張の姿を伝えている。まるでつい先ほどまで本人がいたかのようにリアルな空間だ。

DATA

松本清張記念館

福岡県北九州市小倉北区城内2-3
TEL 093-582-2761
9:30～18:00(入館は30分前まで)
〈休〉年末(12/29～12/31)
〈交〉JR西小倉駅より徒歩5分
〈料〉大人600円、中高生360円、小学生240円
〈駐〉なし〈予約〉不要

www.kid.ne.jp/seicho

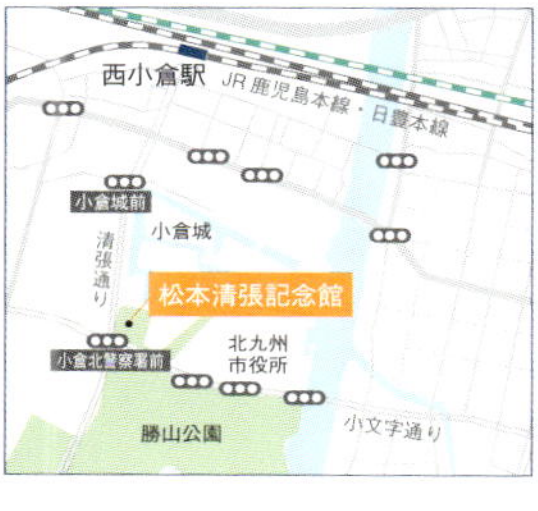

能《の》古《こ》博物館

博多湾の歴史と絶景に魅せられる

魯《ろ》こぎ木造和船。捕った魚を入れる生簀もある。全長 4.4 m全幅 1.65 m

福岡の儒学者 亀井南冥《なんめい》を顕彰

館は3つのテーマで構成される。一つは江戸時代の儒学者、亀井南冥の顕彰。南冥は福岡藩の藩校「甘棠《かんとう》館」の館長で、国宝の金印「倭奴国王印」の鑑定者だ。その教えは言論の自由や、人それぞれの個性を生かした教育を基本としており、朱子学派の修猷《しゅうゆう》館とは対照的であった。幕府により朱子学以外の学問が禁止されると、その影響により南冥は失脚、甘棠館は廃校になる。

その後、息子の昭陽を中心に私塾として亀井塾が再開され、南冥もそこで指導にあたり、多くの優れた人材を育てた。館では南冥とその一族の資料を収集展示している。

亀井南冥（1743 ～ 1814）肖像

見学所要時間

約**30**分

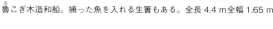

海と共に栄え、海に守られた

第2展示室では江戸時代に海運の主流を担った「筑前五ヶ浦廻船」の活躍を紹介。筑前五ヶ浦廻船とは博多湾内の唐泊《からどまり》、宮浦《みやのうら》、今津《いまづ》、浜崎《はまさき》、残島《のこのしま》（能古）の5つの浦で栄えていた廻船業で、全国の港で一目置かれた実力船団だった。それらの歴史を資料や船の模型などで紹介。また、アジア太平洋戦争後の引揚港となった博多湾の歴史についても展示する。館は丘陵の中腹にあり、湾を一望。館庭には江戸時代の「能古焼古窯跡」もある。

筑前五ヶ浦廻船の模型（8分の1サイズ）を展示。実際は32mほどだが、模型は4m

引揚者の写真、証明書、荷物などを展示

DATA

能古博物館

福岡県福岡市西区能古522-2
TEL 092-883-2887
10:00～17:00（入館は30分前まで）
〈休〉月～木（祝日は開館）、12月中旬～2月下旬
〈交〉能古渡船場より徒歩10分
〈料〉400円、高校生以下無料
〈駐〉あり〈予約〉不要

www.nokonoshima-museum.or.jp

ここが見どころ！

博多の海に育まれたヨットの輝かしい軌跡。手前のテーブルは博多湾の大型ジオラマ

博多湾から世界へ羽ばたいたヨットマンたち

博多湾はヨットが盛んで、オリンピック選手も多く輩出。それら選手たちの記念品も展示している。また、1970年前後に、単独ヨットによる太平洋横断（往復）と世界一周に成功した牛島竜介さんを紹介。愛用の航海機器や海外で受け取った記念品、航海日誌などを見ることができる。航海で実際に使われた「霧笛」を鳴らすコーナーは、子どもに人気。

第１展示室では常設展示を行っている

厳しい修行を行った山伏《やまぶし》たちの息吹を感じて

求《く》菩《ぼ》提《て》資料館

重要文化財から、山伏の生活用品まで

俗世間から離れ、山に籠って厳しい修行を行うことで悟りを得る修験道。その修行を行う人を山伏といい、求菩提山でも多くの山伏たちが修行を積んでいた。しかし明治初頭、政府によって修験道が禁止されると求菩提山には山伏たちがいなくなる。こちらの資料館では、その山伏たちが遺した山岳修験道の資料を展示。経筒、仏像、神像、法具、祭具、古文書をはじめ、山伏たちの生活用品まで豊富な資料が残る。当時の生活の様子が伺えるような資料もあり、展示品から山伏たちの息遣いが感じ取れるだろう。

求菩提山に安置されていた平安時代の大日如来座像

見学所要時間
約45分

求菩提山に伝わる修験道の資料

お釈迦様が亡くなってから56億7000万年後まで経典を残すことを目的に作られた経筒。こちらにある「求菩提型銅製経筒」は、平安末期に作られ、国の重要文化財に指定されている。また、求菩提山の天狗は山伏姿をしたカラス天狗で、次郎坊の名で親しまれ「火伏せの神」として山中の天狗社に祀られていた。そんな貴重な常設展の他、年4回ほど実施される企画展も好評だ。特に早春に開催される「おひなまつり」はリピーターも多いという。老若男女が学べるスポットだ。

保延6年（1140）から久安6年（1150）に埋納された経筒

江戸時代に制作された天狗曼荼羅図と求菩提山八天狗像

DATA

求菩提資料館

福岡県豊前市大字鳥井畑247
TEL 0979-88-3203
9:30～16:30（入館は30分前まで）
〈休〉月（祝日の場合は翌日）・年末年始（12/28～1/4）
〈交〉豊前市バス求菩提資料館前より徒歩5分
〈料〉無料〈駐〉あり〈予約〉不要

kubote-historical-museum.com

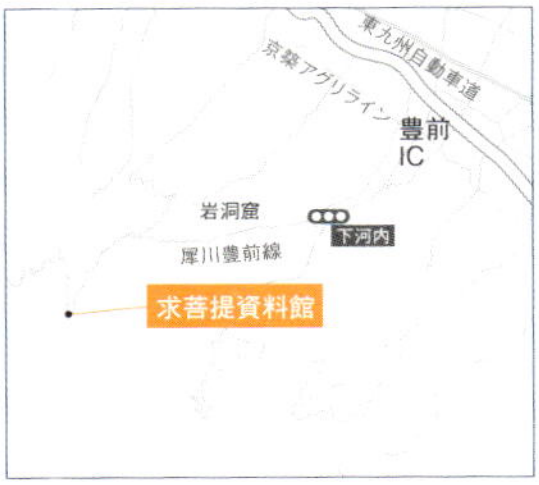

ここが見どころ！

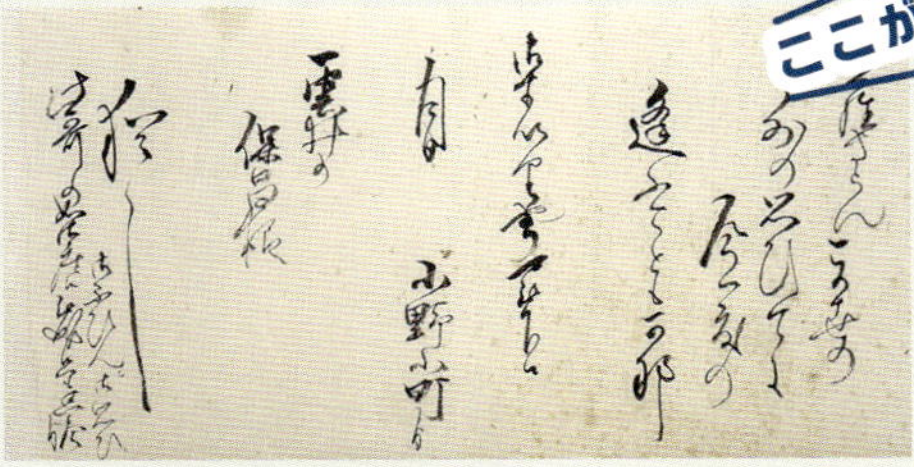
山伏が里の娘にもらった恋文

山伏へのアプローチは大胆に!?

里の娘にとって、あこがれの対象だった山伏。そんな山伏に宛てた手紙が残っている。手紙には和泉式部の和歌を引用していることから、娘の教養の高さが伺える。その一方で「今からうちに来て、三味線でも弾きませんか」と山伏を誘っていて、積極的な一面ものぞかせている。修行の身である山伏だからこそ、女性に対しては奥手だったのかもしれない。

英彦山の山伏たちの歴史を伝える
英彦山修験道《ひこさんしゅげんどう》館

広々とした館内には重要文化財など貴重な歴史資料を数多く展示

英彦山信仰に伝わる貴重な資料を展示

山形県鶴岡市の羽黒山、奈良県吉野郡の大峰山と並び日本三大修験の霊山として信仰を集めた英彦山。かつて多くの山伏たちが厳しい修行に励んでいたが、明治維新の神仏分離によって、英彦山は修験道の山から神体山として祀られるようになった。こちらでは、英彦山神宮や山内で保管されていた修験道や信仰の歴史の遺物を展示し、その歴史を今に伝えている。英彦山神宮の奉納品や山頂などから出土した遺物などの貴重な文化財をはじめ、「彦山三所権現御正体」「銅製経筒」「修験板笈《しゅげんいたおい》」などの国指定重要文化財も多数展示している。

英彦山の山中にある英彦山修験道館

見学所要時間

約**30**分

山岳信仰を集めた英彦山の出土品

釈迦の教えがなくなって仏教が衰えた平安時代、世の中が乱れるといううわさが広がる。人々はこの不安から逃れるため、経典を筒の中に納めた「経筒」を神聖な山の頂に埋め、その功徳で所願成就、極楽往生を願ったという。

「修験板笈」仏具、衣類、食器など山伏が修行に必要なものを入れて背負った

英彦山でも多くの経塚造営が行われ、出土した経筒の中には宋人の名前が刻まれたものもあった。重要文化財にも指定される「銅製経筒」は必見。

平安時代に製作された国指定重要文化財「英彦山経塚出土品」の銅製経筒

ここが見どころ！

鎌倉時代に製作された御神体

「彦山三所権現御正体」の中の「天忍《あまのおし》穂《ほ》耳命《みみのみこと》像」

英彦山の北岳にいるとされる「天忍穂耳命」を造形化した尊像。鎌倉時代、豊前・豊後・筑後国の守護であった、大友能直が下宮御正体として奉納した。径 42cm 余りの円鏡に錫箔、像の随所に金箔が残ることから、奉納当初は金銀に輝く、非常に荘厳なものであったと想像できる。一見、童子のような顔立ちだが、眉根を寄せた表情は上品な愁いを帯び、威厳を感じさせる。

DATA

英彦山修験道館

福岡県田川郡添田町大字英彦山 665-1
TEL 0947-85-0378
10：00 ～ 16：00
〈休〉月（祝日の場合は翌平日）、週 1 日不定休、12/25 ～ 2 月冬期休館
〈交〉英彦山スロープカー神駅より徒歩 10 分
〈料〉大人（高校生以上）220 円、子ども 110 円
〈駐〉なし〈予約〉不要

感動する!

筑前町立大刀洗平和記念館

平和の大切さに想いを馳せる

世界で唯一の現存機である零式艦上戦闘機三二型。当時の日本の高度な航空技術を今に伝える

大刀洗飛行場の変遷をたどる

東洋一と謳われ、日本陸軍が誇る西日本最大の航空拠点だった〝陸軍大刀洗飛行場の歴史〟をメインテーマに、2009年に開館。特攻隊の中継基地として数多くの特攻隊員の出撃を見送った場所でもあるこちらは、「飛行場の概要と航空技術」「大刀洗飛行場と人々の生活」「大刀洗大空襲と特攻隊」「追憶の部屋」の4つのエリアで構成され、特攻隊員の手紙や遺書などを通じて、戦争の悲惨な歴史と平和の大切さを訴えている。また、世界で唯一現存する零式艦上戦闘機三二型と九七式戦闘機の2機の展示の他、年に3回程、企画展も開催している。

九七式戦闘機。陸軍で最も多く特攻に使用された

見学所要時間
約60分

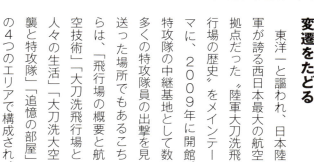

平和のメッセージを発信

新館は、ゼロ戦の残骸や特攻隊員の遺品を展示している

大正8年（1919）より、航空拠点として発展してきた大刀洗飛行場だったが、昭和20年3月の大空襲によって壊滅的な被害を受け、民間人を含む多くの人々が犠牲となった。「追憶の部屋」では、空襲の犠牲者と大刀洗に関わって戦死した兵士たちを追悼。朗読や、シアター映像を上映し、決して忘れてはならない戦争の悲劇を伝えている。少年飛行兵と年齢の近い学生の来場者も多く、平和の大切さや命の尊さを学んでいるという。

2017年に増築オープンした新館は200人が収容できる多目的ホールを完備

DATA

筑前町立大刀洗平和記念館

福岡県朝倉郡筑前町高田2561-1
TEL 0946-23-1227
9:00～17:00（入館は16:30まで）
〈休〉年末（12/26～12/31）
〈交〉甘木鉄道太刀洗駅徒歩すぐ
〈料〉大人600円、高校生500円、小・中学生400円、小学生未満無料　障がい者400円
〈駐〉あり〈予約〉不要

tachiarai-heiwa.jp

ここが見どころ！

特攻隊員が遺した手紙や遺品を展示

特攻隊員の遺品を通して平和の大切さを感じる

死を覚悟して飛び立った特攻隊員たちの写真と共に、愛する家族へ遺した手紙や遺言、遺品を展示。彼らはどのような想いで突撃したのだろう。戦争を体験していない世代がほとんどとなった今だからこそ、しっかりと歴史と向き合って欲しい。館全体を通して平和の大切さを語り継ぐ情報発信基地の役割を担っている。

明治近代建築の粋を感じる 旧福岡県公会堂貴賓館

外壁のモルタル部分に目地のラインを入れるなど石造りに見えるように意匠が施されている

福博の街に愛される美しき西洋建築

令和元年にリニューアルされた天神中央公園西中洲エリア。そのシンボルでもある旧福岡県公会堂は明治43年に竣工された西洋建築。九州沖縄八県連合共進会の来賓接待所として使用され、その後も福岡高等裁判所や福岡県教育庁舎など時代ごとに様々な場面で活躍してきた。建物は、木造2階建のフレンチルネッサンス様式。石柱の玄関ポーチを突出させ北東隅に八角塔屋を設けるなど、各所に最先端の西洋建築技術が注ぎ込まれており、館内は談話室・食堂・寝室・化粧室・貴賓室など室内の華やかな様子を再現している。

2階の貴賓室。当時のものを再現した家具が置かれている

見学所要時間
約80分

時代を経ても美しい 当時の意匠を知る

まずは館の歴史を知るため遊戯室へ。ビリアードを楽しんでいたと見られるこの部屋では、映像を見ながら館の成り立ちについて深く学ぶ。日本が急速に近代化を果たした明治時代、福博の町も華やかな雰囲気に満ちていた様子がわかる。また休憩室では建築に使用された外壁レリーフや金具などの展示が行われていて、近代建築マニアや建築家を目指す学生なども多く見学に訪れるという。1階食堂のシャンデリアも一部当時の物で、時代を経ても変わらない美しさに感動する。

1階の休憩室には修理の際に保存された金具などが展示されている

1階食堂のシャンデリア。大正時代にあった旧県庁舎県議会議事堂にあったもの

DATA

旧福岡県公会堂貴賓館

福岡県福岡市中央区西中洲6-29
TEL 092-751-4416
9：00～18：00
〈休〉月（祝日の場合は翌日）、12/29～1/3
〈交〉西鉄福岡（天神）駅より徒歩3分
〈料〉大人（15歳以上）200円、児童100円、6歳未満、65歳以上入場無料〈駐〉なし〈予約〉不要

www.fukuokaken-kihinkan.jp

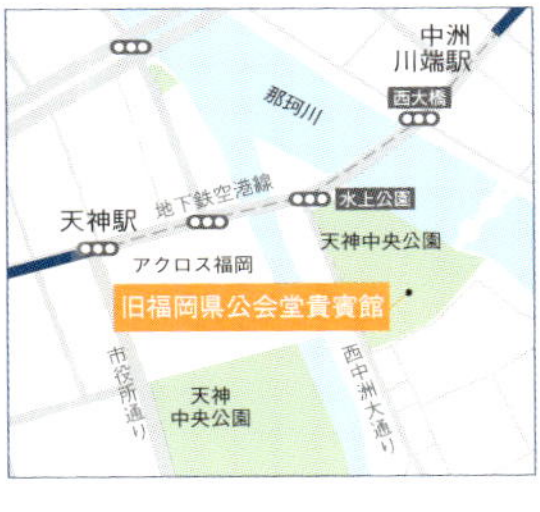

ここが見どころ！

衣装レンタルは1着2,000円～。衣装を着て館内で自由に写真撮影もできる。事前予約が望ましい

観光客にも人気の衣装体験で レトロモダンの世界へ

きらびやかな社交界の雰囲気に欠かせないのが、美しいドレスで着飾った貴婦人たち。話題となっているアクティビティ「貴賓館レトロ衣装体験」では、当時流行のパッスルドレスなどに身を包み、世界観を満喫することができる。レトロドレスだけでなくウェディングドレスやカクテルドレスなどバリエーションも豊富。

感動する！

兵士・庶民の戦争資料館

平和を願い、兵士の遺品は戦争を語り継ぐ

資料館内部。地元の小学校からも見学に訪れるという

二度と戦争をしない、そして忘れないために

初代館長の武富登巳男さんはビルマ戦線などに従軍したのち復員し、1979年に日本初の個人による戦争資料館を自宅に開設した。20畳ほどの広さの館内には軍服や鉄兜などの装備品、千人針、軍事郵便、赤紙など戦争にまつわる実物資料およそ2500点が所蔵されている。開館当初は登巳男さんとその父（第一次世界大戦）、祖父（日露戦争）の三代にわたる戦争資料を展示していたが、やがて資料館には全国から兵士の遺品が寄せられるようになった。登巳男さんは生前「遺品は遺品を呼ぶ」「戦争体験者がいなくなっても遺品が語ってくれる」と語り、恒久平和を願っていたという。

初代館長の想いを今も受け継ぐ

見学所要時間

約60分

実物資料を触って 戦争の愚かさを知る

武運長久を祈った千人針。武富登巳男さんのもの

資料館の大きな特徴が、実物資料に実際に触れること。手ざわりや重さなどを実感することで、戦争を知らない世代に、戦争の愚かさを知り平和への想いを強く持ってほしいという願いが込められている。

また、書類も数多く収蔵している。例えば参謀本部の極秘報告書「ハバル島事件関係綴」。第五師団部隊がインドネシアのハバル島住民400人以上を虐殺したが、戦犯追究を恐れて虐殺を「原住民の反乱」とでっちあげるために報告書の内容を変更してゆく。その過程が克明に記録されている。

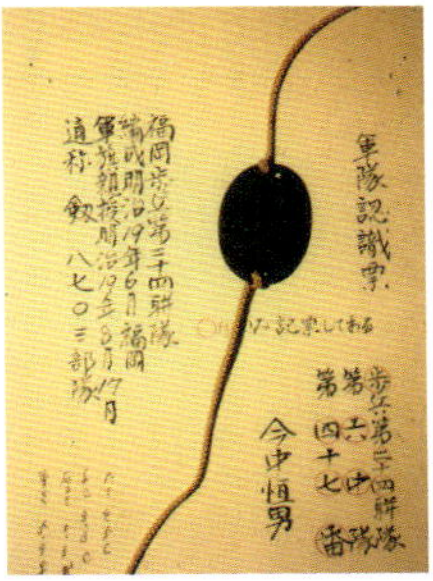

戦死した時に身元を確認するために兵士に持たせた「認識票」。兵士たちは「靖国神社入場券」などと呼んでいた

DATA

兵士・庶民の戦争資料館

福岡県鞍手郡小竹町
大字御徳 415-13
TEL 09496-2-8565
13:30 ～ 17:00（入園は 30 分前まで）
〈休〉水・木・年末年始
〈交〉JR 小竹駅より車で 5 分
〈料〉無料 〈駐〉あり 〈予約〉必要

ここが見どころ！

兵士たちの労苦だけでなく、動物たちや飼い主の涙にも想いを馳せたい

極寒の地で兵士たちを凍傷・凍死から守った防寒外套

満州（現在の中国東北部）は零下 40 度の極寒の地で、守備隊として任務に就いていた兵士は敵と戦う前に寒さとの戦いであった。顔以外を覆い防寒をしなければ、凍傷にかかるか凍死してしまう。そこでこの防寒外套を着るのだが、物資が不足してくると、昭和 16 年からは各家庭のペットであった犬や猫を供出させてその皮を使ったという。

最新デジタル技術で、軍艦島を体感

軍艦島デジタルミュージアム

30mのスクリーンに当時の様子や現在の軍艦島を映し出す「軍艦島シンフォニー」

見学所要時間

約60分

軍艦島をバーチャルで紹介

明治時代から昭和にかけて炭鉱で栄えた軍艦島は、日本の近代化を支えた。アパートが次々に建設され、小中学校、病院、映画館まで開館すると、1960年頃には島の人口は5000人を超え、当時の東京区部の約9倍の人口密度だったという。しかし、主要エネルギーが石炭から石油に移ると石炭の需要が減り、1974年には閉山し無人島に。2015年、「明治日本の産業革命遺産」の一つとして、ユネスコ世界文化遺産に登録されると国内外から注目を集める。しかし人気の上陸ツアーは天候に左右され中止になる事もあり、訪れた参加者は落

3Dでつくられた軍艦島を自由に探検。「軍艦島3D散歩」